Ostallgäu und Lechtal

Dieter Seibert

Bergwanderungen im Ostallgäu und Lechtal

Auswahlführer
für die Gebiete
um Füssen, Pfronten und Reutte
sowie im Tannheimer Tal und im Lechtal

BERGVERLAG RUDOLF ROTHER GMBH · MÜNCHEN

Umschlagbild:
Am Fuß des Trauchbergs bei Halblech, hinten der Branderschrofen

Sämtliche Fotos vom Autor

Kartenskizzen: Gertrude und Wilhelm J. Wagner

Die Ausarbeitung aller in diesem Führer beschriebenen Anstiege und Routen erfolgte nach bestem Wissen und Gewissen des Autors. – Die Benützung dieses Führers geschieht auf eigenes Risiko. – Soweit gesetzlich zulässig, wird eine Haftung für etwaige Unfälle und Schäden jeder Art aus keinem Rechtsgrund übernommen.

Bergverlag Rudolf Rother GmbH, München
2. Auflage 1990

ISBN 3-7633-4089-0

Hergestellt in den Werkstätten der Rudolf Rother GmbH, München
(2161/0073)

Inhaltsverzeichnis

Ostallgäu und Lechtal

Das Ostallgäu ist eine echte Bilderbuchlandschaft. Zwei Dutzend Seen und Seelein zwischen sanften, grünen, leicht hügeligen Wiesen geben den Vordergrund zu einer ungewöhnlich markanten Gipfelkulisse mit Branderschrofen, Säuling und den großen Felsburgen der Tannheimer Gruppe. Man findet nur ganz wenige Stellen am Alpenrand, wo die Berge derartig wuchtig und unmittelbar über dem flachen Vorland aufragen. Die sauberen, stattlichen Dörfer, die Schlösser — wie Neuschwanstein — und die Ruinen oder auch das historische Städtchen Füssen, dessen Türme und Mauern sich im Lech spiegeln, runden das eindrucksvolle Bild ab.

Das Allgäu ist berühmt als Käse-Land. Das hat zu dem Märchen — das man zum Beispiel immer wieder in Schulbüchern findet — vom Reichtum des Gebietes geführt. Die fast ausschließliche Viehwirtschaft wird jedoch nur deshalb betrieben, weil sich die Böden für den Ackerbau nicht mehr eignen. Dazu trägt auch die Höhe bei, liegen die Dörfer und Weiler doch schon 800 bis 1000 m hoch. Der Wanderer freut sich darüber, bietet doch gerade die weite Wiesen- und Weidelandschaft die schönsten Voraussetzungen. Deshalb machen auch die gemütlichen Ausflüge im Alpenvorland, wie jener zum Schmutterweiher, viel Spaß.

Der Lech ist auch auf der Tiroler Seite das Beherrschende in dem von uns beschriebenen Gebiet. Das untere Lechtal bildet ein weites Becken zwischen den Ammergauer und den Tannheimer Bergen. Wiesen überziehen den fast ebenen Talgrund, soweit das die zahlreichen Dörfer und der große Markt Reutte zulassen. Während hier die Berge mehr eine schöne Hintergrunddekoration darstellen, sind sie im mittleren Lechtal das bestimmende Element. Über eine Länge von vierzig Kilometern zieht sich dort der fast ebene, aber stets nur schmale Talboden hin. An der Straße liegt ein gutes Dutzend Dörfer aufgereiht, und unmittelbar dahinter steigen die Berghänge sehr steil auf. So sind viele der großen Gipfel wie etwa die Urbeleskarspitze, 2638 m, vom Tal aus zu sehen. Nach Süden zweigen schluchtartige Seitentäler ab, die mitten hineinführen in das Reich der gewaltigen und noch recht unberührten Lechtaler Alpen. Das ist das mächtigste Gebirge der Nördlichen Kalkalpen.

Einen ganz anderen Eindruck vermittelt das kleine Tannheimer Tal. Über weiten, sonnigen Wiesenböden ragen die typischen Allgäuer Grasberge auf, zwei Seen und die Kletterwände rund um die Rote Flüh beleben das Bild zusätzlich. Hier gibt es besonders viele Möglichkeiten für Wanderungen und Bergtouren, und deshalb hat der Fremdenverkehr von diesem Hochtal so richtig Besitz ergriffen.

Zum Gebrauch des Führers

Alle fünfzig Touren wurden nach dem gleichen Schema abgefaßt. Der Aufbau ist so einfach und klar, daß man ihn nicht zu erläutern braucht. Der kurze Einführungstext soll bei der Wahl des richtigen Ausflugs helfen, denn es werden ja Touren von sehr unterschiedlichem Charakter angeboten.

Orientierung

Die Wegbeschreibungen, ergänzt mit den Kärtchen, sind so genau, daß der Aufmerksame sich damit zurechtfinden kann. Er braucht also keine zusätzlichen Wanderkarten zu kaufen.

Schwierigkeiten

Die Ausflüge im Alpenvorland und manche der Talwanderungen können von jedem gefahrlos begangen werden. Bei den beschriebenen Bergwanderungen sind eine Mindestausrüstung, vernünftiges Verhalten und ein bergsteigerisches Grundwissen notwendig, obwohl alle Routen auf Wegen verlaufen. Ausflüge im Hochgebirge sollte man nie unterschätzen!

Ausrüstung

Bergwanderungen erfordern vor allem gute Schuhe mit wirklich rutschfesten Sohlen. Stiefel geben dabei mehr Halt als Halbschuhe. Empfehlenswert sind Modelle mit Zwischenkeilsohle, die stoßdämpfend und damit gelenkschonend wirken. Rasche Abkühlung, Temperaturstürze, vor allem aber der Wind machen das Mitnehmen warmer Kleidungsstücke (wie Pullover, Anorak und evtl. Handschuhe) auch im Sommer sinnvoll. Auch bei wenig Gepäck ist einzig ein Rucksack richtig und ideal; alle Hand- und Umhängetaschen werden nach kurzer Zeit ausgesprochen lästig.

Gefahren

Bei den hier vorgeschlagenen Touren bleiben die alpinen Gefahren gering. Es sollte trotzdem jeder darüber Bescheid wissen. Die größte Aufmerksamkeit muß man auf das Wetter und die Verhältnisse legen, dabei ist das Vorausplanen das Wichtigste. Der weniger Erfahrene wird es klugerweise vermeiden, in Nebel zu geraten. Es besteht die große Gefahr, daß man selbst einen guten Weg verliert — etwa auf den Matten einer Alpweide — und sich dann verirrt. Und lange vor dem Ausbrechen eines Gewitters wird man alle Grate und Hochflächen verlassen, um nicht vom Blitz getroffen zu werden. Bei feuchtem Wetter oder gar bei nassem Neuschnee verwandeln sich viele Wege — gerade im Bereich der Grasberge — in unangenehme Rutschbahnen. Selbst eine Allerweltstour wie der Abstieg vom Gimpelhaus nach Nesselwängle hat schon manchen in arge Bedrängnis gebracht. Und im Frühjahr sollte man sich vor Antritt der Tour erkundigen, ob keine Altschneefelder den Weg erschweren oder gar gefährlich machen.

Empfehlung

Jeder Bergwanderer sollte über die grundlegenden alpinen Bereiche wie die Gefahren, Verhaltensweisen usw. möglichst gut Bescheid wissen. Wir empfehlen dazu das Studium der kleinen Lehrschrift „Grundschule zum Bergwandern“ (erschienen im Bergverlag Rudolf Rother).

Abkürzungen

Ghs. =	Gasthaus	Min. =	Minuten
km =	Kilometer	Pkw =	Personenkraftwagen
m =	Meter	Std. =	Stunde(n)

Blick über die Mutte auf die Kreuzkarspitze in der Hornbachkette.

Wissenswertes

Sehenswürdigkeiten

Wies-Kirche, 870 m. Wallfahrtskirche in einer einsamen Wiesen- und Waldlandschaft, eine der schönsten Rokoko-Kirchen überhaupt. 1746 bis 1754 durch den Wessobrunner Baumeister Dominikus Zimmermann errichtet und dann unter der Leitung seines Bruders Johann Baptist Zimmermann ausgestaltet. Im Hochaltar die Figur des gegeißelten Heilands, die um 1730 Tränen vergossen haben soll und so zum Gnadenbild für die Wallfahrt wurde.

Steingaden, 763 m. Dorf und ehemaliges Kloster im Grenzbereich von Oberbayern und bayrisch Schwaben. Sehenswert die Kirche mit ihrer sehr gut erhaltenen romanischen Fassade, Kirchenschiff im Charakter einer Pfeilerbasilika, jedoch in verschiedenen Stilen ausgestaltet, von denen im Hauptschiff das Rokoko dominiert.

St. Koloman, 788 m. Barockkirche nach Plänen von Johann Schmuzer, die ganz alleine auf den weiten Wiesenflächen zwischen Bannwaldsee und Schwangau steht und einen besonders fotogenen Vordergrund zu den Königsschlössern bildet.

Neuschwanstein, 964 m. Das Idealbild eines Ritterschlosses in hervorragend schöner Lage auf einem schmalen Bergrücken 150 m über dem Tal (Standort der einstigen Burg Vorderschwangau). Östlich unter der Burg die sehenswerte Pöllatschlucht. In der zweiten Hälfte des neunzehnten Jahrhunderts in romantisch historisierendem Stil nach Ideen des „Märchenkönigs" Ludwig II. von Bayern und des Theatermalers Jank errichtet. Es sollte eine neue Wartburg entstehen, um Richard Wagner, den der König sehr schätzte, und dessen Oper Tannhäuser zu ehren. Aufstieg in 25 Minuten. Besichtigung der prunkvollen Zimmer.

Hohenschwangau, 864 m. 1833 bis 1837 auf historischem Grund durch den späteren König Max II. von Bayern erbautes Schloß nach mittelalterlichem Vorbild, doch in einem romantischen, der Biedermeierzeit entsprechendem Stil. Gemälde und handwerkliche Arbeiten von und nach Moritz von Schwind.

Füssen, 808 m. Zentrum des Ostallgäuer Seengebietes, am teilweise aufgestauten Lech gelegen. Diese malerische Kleinstadt konnte Teile ihres historischen Aussehens — Mauern, Tore, Türme, enge Gassen — bis heute bewahren. Das über der Stadt thronende Hohe Schloß stammt aus dem 14. Jahrhundert und wurde im 19. Jahrhundert wieder instand gesetzt, sehr schöne, geschlossene Anlage; sehenswert die spätgotische Holzdecke im

Füssen am Lech mit der Stiftskirche St. Mang aus der Barockzeit.

Rittersaal von Jörg Lederer. Die ehemals romanische Klosterkirche St. Mang wurde Anfang des 18. Jahrhunderts durch J. J. Herkomer weitgehend in barockem Stil neu errichtet; frühromanische Krypta.

Seeg, 854 m. Sehr schön auf einem Höhenzug gelegener Ferienort im Alpenvorland. Sehenswert die spätbarocke Pfarrkirche, die um 1703 von J. J. Herkomer aus Füssen errichtet wurde.

Eisenberg und *Hohenfreyberg,* 1055 m. Burgruinen auf einem bewaldeten Rücken nördlich von Zell (3 km ab Pfronten-Kreuzegg). Herrliche Aussicht. Im Mittelalter einst zwei mächtige Anlagen der Herren von Freyberg; von den Mauern, Wällen und Höfen blieben ansehnliche Teile erhalten; die Ruine Eisenberg wird zur Zeit renoviert. Aufstieg von Zell in 20 Min.

Maria Rain, 890 m, schön gelegenes Dorf auf den Höhen über der Wertach etwas nördlich von Nesselwang. Wallfahrtskirche mit sehenswertem Rokoko-Altar und spätgotischen Figuren.

Vils, 826 m. Ministädtchen nördlich der Tannheimer Berge mit zwei alten Stadttoren, Pfarrkirche von J. J. Herkomer mit barocken Statuen, gotische St. Annakapelle und oberhalb die Ruine Vilsegg.

Pfafflar, 1620 m. Sommerdörfchen in einem hochalpinen, von steilen Felsbergen überragten Nebenast des Lechtals. Sehenswerte historische Blockhäuser, die zu den ältesten Bauernhäusern Tirols gehören.

Ausflugsziele

Hier folgen eine Aufstellung und kurze Beschreibungen der schönsten Ausflugsziele, die man mit dem Auto, einer Bergbahn, bei Spaziergängen oder kurzen Aufstiegen erreichen kann. Es handelt sich dabei um Aussichtspunkte, die einen informativen Überblick erlauben oder die großen Berge besonders eindrucksvoll zeigen. Oft stehen Berggasthäuser an diesen Aussichtsplätzen, und man kann dann den Rundblick in aller Gemütlichkeit bei einer Tasse Kaffee oder einem Bier genießen.

Buchenberg, 1142 m. Wald- und Wiesenkopf bei Buching, den man mit dem Sessellift (oder zu Fuß wie bei Tour 4) mühelos erreicht. Berggaststätte. Freier Blick nach Norden.

Typisches Ostallgäuer Alpenvorland bei Hebern, hinten der Edelsberg.

Die Lachenspitze bei der Landsberger Hütte über dem Vilsalpsee.

Tegelberg, 1720 m. Dieses sehr bekannte und beliebte Ausflugsziel bietet einen herrlichen Blick auf die Seen des Ostallgäus. Bergfahrt in einer Großkabinen-Seilbahn. Bergrestaurant und wenige Meter unterhalb das bewirtschaftete Tegelberghaus, einst königliche Jagdhütte. Startplatz der Drachenflieger.

Saloberalpe, 1088 m. Das renovierte Berggasthaus liegt in einer ruhigen, abgeschiedenen Wiesenmulde mit freiem Blick nach Westen. Aufstieg auf steilem Sträßchen im Wald, vom Alatsee gut 30 Min. (siehe auch Tour 16).

Falkenstein, 1267 m. Der steile, bewaldete Kopf beherrscht das Tal von Pfronten. Die einstige Burg auf dem Falkenstein wurde im Dreißigjährigen Krieg zerstört. Heute gibt es nur noch wenige, uninteressante Reste. Zufahrt bis zum Parkplatz nördlich der Schloßangeralp, von dort in 30 Min. zu Fuß. Gebühr für das Betreten des Gipfels (siehe auch Tour 17).

Gasthaus Panorama, 895 m. Auf dem Bergrücken, der von Seeg nach Westen Richtung Schwaltenweiher zieht, liegt dieses Gasthaus. Von dort oben überblickt man ein Alpenpanorama von etwa 100 km Breite. Zufahrt mit dem Auto von Seeg über Aufmberg etwa 2 km.

Kronenhaus, 1120 m, und Enzianstüble, 1194 m. Diese beiden Gasthäuser liegen auf den freien Hängen südlich oberhalb von Nesselwang und bieten einen besonders schönen Blick auf das Alpenvorland. Man erreicht sie ganz schnell von der Mittelstation der Alpspitzbahnen.

Hochalpe, 1457 m. Man erreicht von Pfronten-Steinach mit der Breitenbergbahn die Hochalpe mit zwei Gaststätten. Schöner, freier Blick nach Norden und Osten.

Füssner Jöchl, 1818 m. Von Grän im Tannheimer Tal führt ein sehr langgestreckter Sessellift in dieses Joch im Herzen der Tannheimer Berge. Jausenstation und schöne Wandermöglichkeiten (siehe auch Tour 24 und 25).

Gasthaus Zugspitzblick, 1300 m. Zur schönen Lage und über die Zugangs- bzw. Zufahrtsmöglichkeit siehe Tour 22.

Gundhütte, 1784 m. Knapp nördlich des Neunerköpfl liegt sehr hoch über dem Tannheimer Tal dieses Berggasthaus mit seinem ganz freien Blick auf die Gipfel rundum. Auffahrt mit den Liften von Tannheim. Lohnend ist auch noch der kurze Aufstieg zum Neunerköpfl (1830 m, siehe auch Tour Nr. 30).

Ruine Ehrenberg, 1050 m. Auf einem schmalen Bergrücken südlich von Reutte fallen die Ruinen der Ehrenburg ins Auge. An dieser strategisch so bedeutenden Stelle thronte seit dem Ende des 13. Jahrhunderts eine Burg, die erst 1782 aufgelassen wurde. Von dort oben hat man einen besonders informativen Blick auf das Becken von Reutte. Zugang von der Klause an der Straße Reutte – Lermoos in 15 Min.

Höfener Alpe, 1730 m. Das weite Weidegebiet erreicht man mühelos mit der Bergbahn ab Höfen bei Reutte. Dort oben gibt es auch einen Alpenblumengarten mit 600 verschiedenen alpinen Pflanzen.

Jägerhütte, 1463 m, und *Heiterwanger Hochalp,* 1605 m. Mit Sesselliften kann man diese beiden Berggasthäuser erreichen. Sie liegen nordöstlich oberhalb von Berwang an aussichtsreichen Stellen.

Bergrestaurant Jöchlspitze, 1750 m. Von Benglerwald bei Bach im mittleren Lechtal führt ein Sessellift zu diesem Berggasthaus in den Südhängen der Jöchlspitze empor. Besonders schöner Blick auf die großen Felsgipfel südlich über dem Lechtal.

Auf dem Weg vom Neunerköpfl zur Sulzspitze bei Tannheim.

Bademöglichkeiten

Was kann es nach einer schweißtreibenden Bergtour Schöneres geben, als Müdigkeit und Schmutz im klaren Wasser eines Bergsees oder – im weniger klaren – eines Moorsees abzuwaschen.

Kühmoossee, 840 m. Weiher mit Badeanstalt bei Rauhenbichl an der Straße Buching – Roßhaupten.

Bannwaldsee, 786 m, 2,3 km Länge. Zwischen moorige Wiesen und kleine Kuppen gebetteter See unmittelbar am Alpenrand mit recht ursprünglichem Charakter. Am Südostufer eine nette Badewiese neben der B 17 und ein großer Zeltplatz.

Forggensee, 781 m, 9,7 km Länge, 34 m Tiefe, Schiffsverkehr. Der größte See des Allgäus entstand 1954 durch Aufstauen. Schöne, leicht hügelige Wiesenufer; das Seebecken wird jedoch häßlich, sobald das Wasser zu sehr abgelassen ist. Segelschulen, Campingplätze und viele Badegelegenheiten vor allem bei Füssen, Horn, Dietringen und Roßhaupten.

Illasbergsee, 781 m. Sehr malerische Bucht am Nordostende des Forggensees. Badeanstalt.

Schmutterweiher, 790 m. Großer Weiher im Voralpengelände (siehe Tour 11). Badegelegenheit am Nordufer, Zufahrt von der Straße Roßhaupten – Lechbruck.

Alpsee, 814 m, 1,9 km Länge, 55 m Tiefe. Bergsee zwischen dunklen Waldhängen mit schönem Blick auf die Königsschlösser. Ufer weitgehend unberührt. Lohnende Wanderwege (siehe auch Tour 8). Strandbad am Südostufer, meist kühles Wasser.

Schwansee, 789 m, 700 m Länge. Versteckter Wald-, Wiesen- und Moorsee. Freibadeplätze am Nordufer; viel wärmer als der Alpsee.

Hopfensee, 784 m, 2,2 km Länge, 12 m Tiefe. Moor- und Wiesensee, an dessen Nordufer sich der Ort Hopfen ausbreitet. Bademöglichkeiten im nördlichen Bereich des Sees, Badeanstalt.

Schwaltenweiher, 836 m. Sehr malerisches Seelein mit freiem Blick auf die Berge. An der Straße Seeg — Nesselwang gelegen. Badegelegenheiten.

Mittersee und *Obersee,* 804 m. Kleine Seen mit zwei Badeanstalten in dem schmalen, abgeschlossenen Talboden von Bad Faulenbach bei Füssen.

Alatsee, 868 m, 600 m Länge. Stiller, ganz unberührter Bergsee zwischen steilen, bewaldeten Köpfen. Netter Rundweg; Freibademöglichkeiten. Zufahrt von der Straße Füssen – Weißensee.

Weißensee, 787 m, 2,3 km Länge, 25 m Tiefe. Durch das so abwechslungsreiche Ufer landschaftlich wohl der reizvollste See des Ostallgäus. Im Süden dunkle Waldhänge, im Norden Schilf, Wiesen und Dörfer. Bademöglichkeiten bei Weißensee und Oberkirch.

Vilsalpsee, 1165 m, 1,4 km Länge, 27 m Tiefe. Zwischen die steilen Gras- und Felsberge eingebetteter See, sehr beliebtes Ausflugsziel. Recht kühles Wasser.

Haldensee, 1124 m, 1,5 km Länge, 21 m Tiefe. Das Tannheimer Tal in der gesamten Breite ausfüllender Wiesen- und Bergsee, unmittelbar darüber die steilen Kalkwände der Roten Flüh. Bademöglichkeiten bei Haller und am Westufer.

Frauensee, 972 m. Ein kleiner, reizvoller, leicht mooriger See mitten im Wald. Kleine Zufahrtsstraße von Lechaschau, 2 km.

Urisee, 914 m, 500 m Länge. Einst sehr schöner, stiller Badesee, heute durch Hochspannungsleitungen und Schnellstraße etwas verunstaltet. Zufahrt von Reutte über Mühl.

Plansee, 976 m, 5,2 km Länge, 77 m Tiefe. Der zweitgrößte See Tirols wird ausführlich bei Tour 38 beschrieben. Meist recht kühles Wasser, Bademöglichkeiten bei den Hotels Seespitz und Forelle, zudem am steinigen Ostufer und am Westufer des Heiterwanger Sees.

Der Bergrücken mit der Ruine Falkenstein im ersten Morgenlicht.

1 Hochrieskopf und Wolfskopf, 1527 m

Im weiten Waldrevier des Hohen Trauchbergs

Halblech – Sennalpe – Hochrieskopf – Abstecher zum Wolfskopf – Trauchberg-Höhenweg

Talort: Halblech, 825 m, kleines Dorf am Alpenrand zwischen Trauchgau und Buching.
Ausgangspunkt: Parkplatz an der Brücke der alten Dorfstraße über den Fluß Halblech.
Gehzeiten: Halblech – Sennalpe ½ Std., Sennalpe – Wolfskopf 1 Std., Rückweg 1¾ Std.
Anforderungen: Aufstieg teilweise steinig, im Bereich des Hochrieskopfes nur kleiner Pfad.
Höchster Punkt: Wolfskopf, 1527 m.
Einkehrmöglichkeit: Keine.

Hoher Trauchberg heißt jener waldüberzogene Bergkamm der Ammergauer Alpen, der am weitesten nach Norden vorspringt. In dem ausgedehnten, teilweise auch sehr abgelegenen Bergrevier lassen sich viele stille Wanderungen durchführen, die dank des Waldes in der wärmeren Jahreszeit relativ kühl sein können – und dies vor allem am Vormittag, da die Abhänge nach Nordwesten schauen. Leider ist man auf jeder der Routen gezwungen, längere Strecken auf den allgegenwärtigen Forststraßen zurückzulegen. Unsere Tour mit Hochries- und Wolfskopf bietet noch die meisten Individualistenwege in diesem Gebiet.

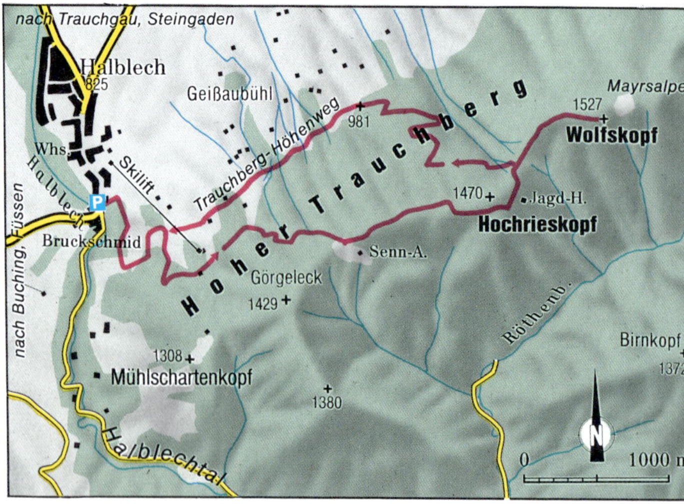

Am Fuß des Trauchbergs bei Halblech, hinten der Branderschrofen.

Die Wolfskopf-Rundtour: Vom Parkplatz über die Brücke. Gleich darauf zweigt nach oben eine Sandstraße ab. Auf ihr 20 Min. aufwärts. Bei der Verzweigung vor dem Skilift auf dem rechten Weg weiter, der nach einer Kehre stets schräg durch die bewaldeten Steilhänge rasch aufwärts führt zum freien Wiesensattel vor der Sennalpe. Noch vor der Hütte links auf dem Ziehweg in dichtem Jungwald zu den weiten Flächen westlich des Hochrieskopfes, die leider stark zuwachsen. Am Kopf rechts vorbei zu einer Forststraße und auf ihr nach links zum tiefsten Gratsattel. (Hierher auch von der Sennalpe auf einer Forststraße.) Dem meist bewaldeten Kamm folgend auf den Wolfskopf mit – zur Zeit noch – schönem Ausblick. Abstieg vom erwähnten tiefsten Sattel nach Norden erst auf Ziehweg, dann auf breiter Forststraße, die mit einigen Kehren zu einer querlaufenden Straße führt. Auf ihr (Trauchberg-Höhenweg) nach links zurück nach Halblech.

2 Rund um den Vorderen Scheinberg

Eine ungewöhnliche Tour über der Kenzen

Kenzenhütte — Bäckenalmsattel — Kessel — Scheinbergjoch — Lösertaljoch — Kenzenhütte

Talort: Halblech, 825 m, kleines Dorf am Alpenrand zwischen Trauchgau und Buching.
Ausgangspunkt: Kenzenhütte, 1294 m, private Berghütte unter der Hochplatte im Herzen der nördlichen Ammergauer Alpen. Zufahrt mit Kleinbus von Halblech.
Parkplatz: In Halblech auf der Dorfstraße (nicht auf der Durchgangsstraße) zur Brücke über den Fluß Halblech, hier großer Parkplatz und Start des Kenzenbusses.
Gehzeit: Gesamtzeit für die Rundtour 2¾ Std.
Anforderungen: Kleine Bergpfade.
Höchster Punkt: Scheinbergjoch, 1764 m, evtl. Hasentalkopf, 1797 m.
Einkehrmöglichkeit: Kenzenhütte.
Sehenswertes: Kessel mit Seelein, senkrechte Felsabbrüche am Hasentalkopf, Blick auf das „Ammergauer Matterhorn" (Geiselstein).

Zwischen dem Klammspitzkamm und der Gruppe der Hochplatte liegt ein kleiner, ganz in sich abgeschlossener Bergstock, an dem die meisten achtlos vorbeilaufen. Das ist das Massiv des Vorderen Scheinbergs, 1827 m — nicht mit der Scheinbergspitze verwechseln — und des Hasentalkopfes. Diese Berggruppe bietet ein besonderes Phänomen: Zwischen die hufeisenförmigen Gipfelgrate ist ein abflußloser Kessel eingelagert, dessen Sohle mit ihrem Seelein immerhin 60 m tiefer liegt als der Rand an seiner niedrigsten Stelle — eine wirklich seltene und auch beachtenswerte Naturerscheinung!

Rund um den Vorderen Scheinberg: Bei der Kenzenhütte beginnt ein Steig, der im spitzen Winkel zur Straße nach Norden schräg aufwärts führt. Auf ihm quer durch die Hänge in ein Tälchen und in Kehren hinauf in den Bäckenalmsattel, 1540 m. Nun in zwei langgezogenen Schleifen nach Süden über die Steilstufe auf den Rücken der Kesselwand. Leicht abwärts an den Nordrand des Kessels. Man umgeht das tiefe Becken in den linksseitigen Hängen und steigt in das Scheinbergjoch, 1764 m, hinauf. Drüben über eine kurze Stufe hinab zum Lösertaljoch, 1682 m. Dort wendet man sich nach Westen und wandert über Böden und durch Wald wieder zurück zur Kenzenhütte.

Abstecher auf den Hasentalkopf: Dies ist der Gipfel östlich über dem Kessel. Er läßt sich von Norden über steiles Gras besteigen, 20 Min. vom Weg.

Am Bäckenalmsattel mit Blick auf die Hochplatte.

3 Kenzensattel und Krähe

Im Bereich der Ammergauer Kletterberge

Kenzenhütte — Kenzensattel — Gumpen — evtl. Abstecher Krähe — Geiselsteinjoch — Wankerfleck

Talort: Halblech, 825 m, kleines Dorf am Alpenrand zwischen Trauchgau und Buching.
Ausgangspunkt: Kenzenhütte, 1294 m, private Berghütte unter der Hochplatte im Herzen der nördlichen Ammergauer Alpen. Zufahrt von Halblech mit Kleinbus.
Parkplatz: In Halblech an der alten Dorfstraße, unmittelbar hinter der Brücke über den Halblech befindet sich ein großer Parkplatz; hier Beginn der Buslinie zur Kenzenhütte.
Gehzeiten: Hütte — Kenzensattel 1 Std., Weiterweg zum Geiselsteinjoch 45 Min., der Abstecher zur Krähe erfordert 1 Std. Aufstieg.
Anforderungen: Teilweise kleine und steile Bergwege.
Höchste Punkte: Kenzensattel, 1650 m, Geiselsteinjoch, 1729 m, evtl. Krähe, 2012 m.
Einkehrmöglichkeit: Nur bei der Kenzenhütte.
Sehenswertes: Kletterwände am Geiselstein.

Die Ammergauer Alpen kann man als eine Art Zwischenstufe von den ausgesprochenen Voralpen zu den großen Kalkbergen einordnen. Neben Wald- und Graskuppen gibt es dort auch wuchtige Felshäupter wie Kreuzspitze und Geierköpfe und zusätzlich ein paar wilde, elegant geformte Kletterberge. Durch ihr Revier führt die heutige Tour. Der Geiselstein, 1884 m, ist zwar der niedrigste dieser Gipfel, und doch gebärdet er sich als König in seinem Revier, präsentiert sich als mächtiger, hellgrauer Felskegel, der mehr Kletterer anlockt als alle anderen Gipfel zusammen. Und natürlich ist er auch der Mittelpunkt und die besondere Attraktion unserer Rundtour.

Hochplatte, Geiselstein und Krähe (ganz rechts) von Buching gesehen.

Über das Geiselsteinjoch zum Wankerfleck: Von der Kenzenhütte rechts am Wasserfall vorbei und bald danach nach Westen durch eine schüsselartige Mulde zwischen schroffen Felsen empor in den Kenzensattel. Hinüber zu den weiten Böden der Gumpen und nach rechts empor zum Geiselsteinjoch, wobei man der glatten Südwand des Geiselsteins ganz nahe kommt. Vom Joch über die steilen Latschenhänge ein gutes Stück nach Westen hinab, dann nach rechts und in vielen kleinen Kehren abwärts zum Wankerfleck, 1150 m, einem der malerischsten Stellen in den Voralpen. Haltestelle des Kenzenbusses.

Abstecher zur Krähe: Aus der Gumpen auf einem ordentlichen Steig in den schmalen Gabelschrofensattel. Nach Süden durch eine interessante Felsgasse zum Kamm und nach links zum Gipfel.

4 Auf den Buchenberg

Der aussichtsreiche Waldkopf

Buching — Buchenberg — Buching

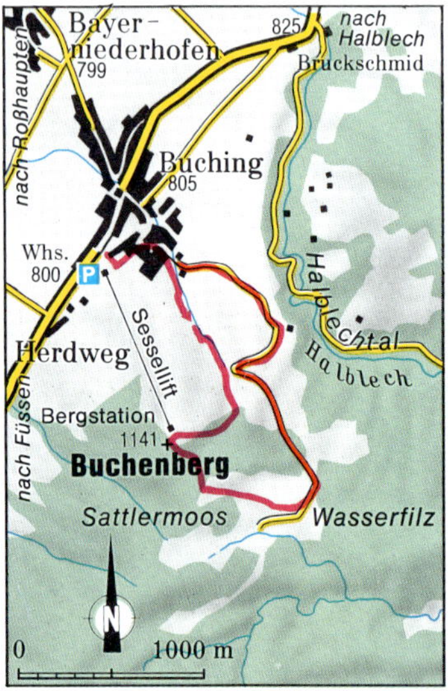

Talort: Buching, 805 m, Ferienort am Alpenrand im Ostallgäu.
Ausgangspunkt: Talstation des Sesselliftes am südlichen Ortsrand.
Parkmöglichkeit: Parkplatz beim Sessellift.
Gehzeit: Buching — Buchenberg 1 Std.
Anforderungen: Bergwege und Forststraßen.
Höchster Punkt: Buchenberg, 1142 m.
Einkehrmöglichkeit: Brotzeitstüble auf dem Buchenberg.

Der Buchenberg gehört zu jenen unauffälligen, vom Wald überzogenen Köpfen, die in der allervordersten Reihe über dem flachen Alpenvorland des Ostallgäus stehen. Nur 300 m sind es vom Ferienort Buching zu diesem Gipfel, also eine knappe Gehstunde, ja, man kann sogar mit einem Sessellift hinaufschweben. Und das schafft besondere Möglichkeiten: Der Buchenberg läßt sich zum Sonnenaufgang und zum Sonnenuntergang, im frühen Frühjahr oder im späten Herbst besteigen, oder noch an einem Regentag, wenn es am Nachmittag plötzlich aufklart. Und in einer Richtung sollte man seinen Weg bei der Buchenberg-Tour immer über die sogenannte Ebene nehmen, denn dort öffnet sich ein besonders schöner Blick auf Geiselstein und Hochplatte.

Der Bachweg im Aufstieg: In Buching auf der Bergstraße empor zu den obersten Häusern und weiter zum Ende der Straße. Nun stets dem Fußweg folgend im Tal eines Bächleins, das fast überall von Bäumen eingefaßt ist, längere Zeit aufwärts. Schließlich über einen breiten Rücken zum höchsten Punkt des Buchenbergs mit der Bergstation des Sesselliftes und einem Restaurant. Der Blick ist nur nach Norden ganz frei, will man zu den Seen hinabschauen, muß man kurz nach Südwesten durch den Hochwald zum sogenannten Aussichtspunkt wandern.

Abstieg auf der Forststraße: Vom Gipfel ganz kurz nach Süden, dann mehr nach Osten auf dem Fahrweg zu einem freien Boden, der „Ebene“, mit sehr schönem Blick ins Kenzengebiet. Auf der Straße, die bald aus dem Hochwald auf die freien Weideflächen austritt, in weiten Schleifen wieder hinab nach Buching.

Der Buchenberg über Bayerniederhofen und Buching, hinten Hochplatte.

5 Hornburg, 1164 m

Die „Aussichtsfestung“ über Forggen- und Bannwaldsee

Schwangau — Talstation der Tegelbergbahn — Rautbachtal — Hornburg

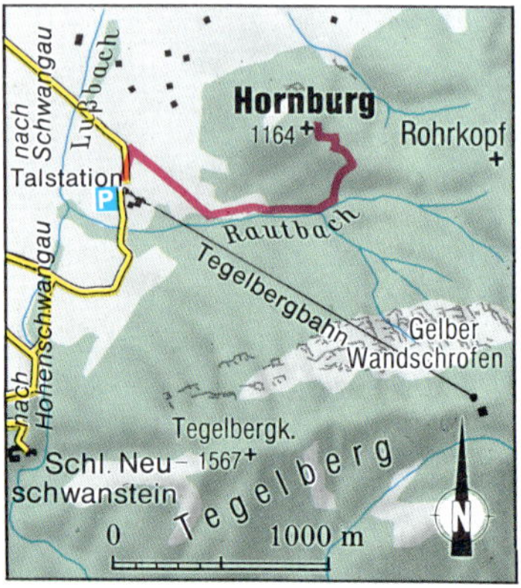

Talort: Schwangau, 796 m, stattlicher Ferienort im Bereich der berühmten Königsschlösser.
Ausgangspunkt: Talstation der Tegelbergbahn, 820 m. Von Schwangau 2 km auf breiter Straße.
Parkmöglichkeit: Großer Parkplatz an der Bahn.
Gehzeit: Parkplatz — Hornburg etwa 50 Min.
Anforderungen: Bergwege, am Gipfelaufbau teilweise steil.
Höchster Punkt: Hornburg, 1164 m.
Einkehrmöglichkeit: Restaurant an der Bahn.
Sehenswertes: Die Schlösser Neuschwanstein und Hohenschwangau und die Kirche St. Koloman. Genauere Angaben siehe Tour 8.

Es ist schon interessant, wie stark Gestein als Landschaftsarchitekt wirksam werden kann. Den Berghängen, die zwischen Bannwaldsee und Hohenschwangau die flachen Talböden erreichen, ist ein ganz markanter Kopf vorgebaut. Der Wettersteinkalk widerstand der Verwitterung besser als die ihn umgebenden Gesteinsschichten, und so wurde die Hornburg allmählich herausmodelliert. Die Bezeichnung Burg paßt sehr gut, und zwar nicht nur wegen der so steilen Gras- und Felshänge, die gegen das Tal hinabschauen. Wider Erwarten wird der Gipfel nicht von einem schmalen Grat gebildet, nein, dort oben gibt es kleine Böden und Mulden. Das ist ein herrliches Gelände zum Rasten und Faulenzen. Die Ostallgäuer Seen und Dörfer liegen einem zu Füßen wie das Land seinem Herrscher; und genau wie dessen Festung läßt sich auch die Hornburg von „vorne“ nicht erstürmen. Das gilt jedoch nur für die Menschen, Gemsen fühlen sich auch in diesen Steilhängen zuhause.

Auf die Hornburg: Vom Parkplatz auf dem anfangs breiten Weg, der auch zum Tegelberg führt, über die Wiesen nach Osten zum Waldrand. Ein Stück längs des Baches aufwärts, dann links über eine steile Stufe bis knapp unter den Grat. Wegverzweigung. Links durch die Hänge an den Fuß der Hornburg und steil zwischen mächtigen Fichten zur Gipfelfläche.

St. Koloman und Schönleitenschrofen, rechts die Hänge der Hornburg.

6 Schönleitenschrofen, 1703 m

Unbekannter Berg in berühmter Umgebung

Tegelberg — Grüblesattel — Roßscharte — Schönleitenschrofen — Drehhütte — Rohrkopfsattel — Talstation

Talort: Schwangau, 796 m, bekannter Ferienort in schöner Lage, im Gemeindebereich die Königsschlösser.
Ausgangspunkt: Talstation der Tegelbergbahn, 820 m, 2 km östlich von Schwangau.
Parkmöglichkeit: Großer Parkplatz an der Bergbahn.
Gehzeiten: Tegelberg — Schönleitenschrofen 1¾ Std., Abstieg 2 Std.

Anforderungen: Kleine Bergpfade, die letzten Meter zum Gipfel führen über einen schmalen Grat.
Höchste Punkte: Tegelberg, 1720 m, Schönleitenschrofen, 1703 m.
Einkehrmöglichkeiten: Tegelberg, Drehhütte.
Sehenswertes: Die Königsschlösser bei Hohenschwangau, siehe dazu Beschreibung bei Tour 8.

Vom mächtigen Branderschrofen zieht ein teilweise felsiger Kamm nach Nordosten, der als letzten Gipfel den Schönleitenschrofen trägt. Vom Tal aus fällt dieser durchaus selbständige Berg kaum ins Auge, er hält sich gewissermaßen „vornehm im Hintergrund". Und doch gehört eine Besteigung zu den wirklich schönen Bergwanderungen, sie steckt voller Abwechslung

Blick von der Hornburg auf den Schönleitenschrofen.

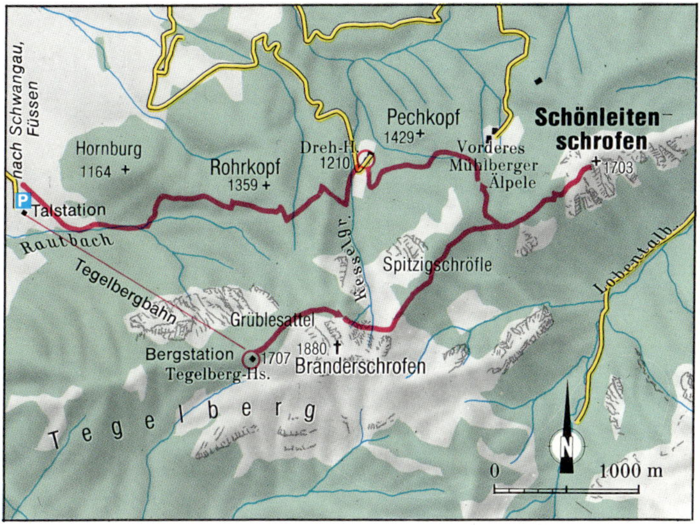

und hat einen schon etwas alpineren Anstrich. Dank der Tegelbergbahn bleiben die Mühen in Grenzen, dabei entpuppt sich der Aufstieg eher als gemütliche Bummelei, während der Rückweg den längeren und vielleicht auch anstrengenderen Teil der Tour bildet. Man muß hinter der Drehhütte sogar gut hundert Höhenmeter wieder emporsteigen.

Übergang vom Tegelberg: Mit der Seilbahn zur Bergstation. Die Tour beginnt mit einem Abstieg. Unter dem Tegelberghaus hindurch, dann schräg durch die Hänge nach Norden und steil abwärts in den Grüblesattel. Wegverzweigung. Auf einem kleinen, markierten Steig nach Osten kurz empor in die Scharte am Latschenkopf, dann in einem weiten Bogen hinüber zum Fuß des Spitzigschröfles. Meist etwas südlich des Grates zwischen malerischen Felsblöcken und alten Fichten in den tiefsten Sattel und weiter meist in der Flanke, am Schluß über ein paar Felsen auf den Schönleitenschrofen.

Abstieg über die Drehhütte: Zurück zum tiefsten Sattel. Von hier nach Norden hinab, dann links über eine Schulter und einen hohen Hang hinab zur Drehhütte in einem engen Waldtal. Hinter der Hütte wieder empor zu einem Kamm und Querung zum Rohrkopfsattel, wo man auf den breiten, vom Tegelberg kommenden Abstiegsweg trifft. Auf ihm nach Westen hinab zur Talstation der Bahn.

7 Tegelberg und Branderschrofen

Im königlichen Revier

Hohenschwangau — Neuschwanstein — Marienbrücke — Tegelberg; Gipfelanstieg Tegelberg — Branderschrofen

Talort: Hohenschwangau, 810 m, durch die Königsschlösser weitum berühmtes Reiseziel.
Ausgangspunkt: Hohenschwangau-Ortsmitte oder Talstation der Tegelbergbahn, Zufahrt 3 km.
Parkplatz: Große Parkplätze in Hohenschwangau und an der Talstation der Seilbahn.
Gehzeiten: Hohenschwangau — Tegelberg 2¾ Std., Tegelberg — Branderschrofen ½ Std.

Anforderungen: Kleine, aber gut angelegte Steige, nur am Gipfelaufbau des Branderschrofens Trittsicherheit und Schwindelfreiheit notwendig.
Höchste Punkte: Branderschrofen, 1880 m, Tegelberg, 1720 m.
Einkehrmöglichkeiten: Zwei Ghs. am Tegelberg.
Sehenswertes: Neuschwanstein, gewaltige, um 1870 erbaute „Ideal"-Burg in herrlicher Lage, Pöllatschlucht mit Wasserfall, Marienbrücke.

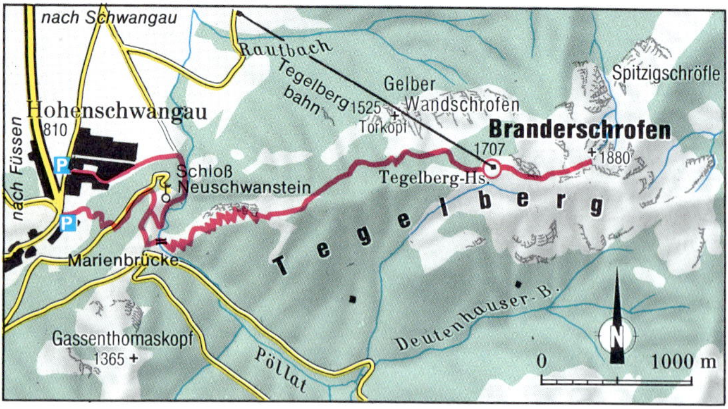

Schon der bayerische König Max II. schätzte den Tegelberg als Aussichtsloge. Von seinem Jagdhaus genießt man einen einmaligen Vogelschaublick auf das Ostallgäu mit seinen Seen. Für ihn wurde ein Reitweg erbaut, während der bequeme Besucher heutzutage mit der großen Seilbahn in wenigen Minuten hinaufschweben kann. Trotzdem lockt noch immer der gut angelegte Steig von der Marienbrücke mit dem Nahblick — ganz steil von oben — auf Neuschwanstein und die bizarr geformten Felszacken, die gleich neben dem Steig wie Pilze aus den Steilhängen emporragen. In welcher Richtung soll man die Route begehen? Im Aufstieg bietet sie mehr Muße, im Abstieg kostet sie natürlich weniger Kraft.

Letztes Abendlicht am Tegelberg, hinten die Tannheimer Gipfel.

Aufstieg über Marienbrücke: Von Hohenschwangau entweder direkt oder — schöner — wie bei Tour 8 durch die Pöllatschlucht zur Marienbrücke. Drüben in langgezogenen Kehren durch lichten Wald bequem empor; dabei immer wieder herrliche Tiefblicke. Dann zwischen ein paar Felstürmen hindurch in eine Gratlücke. Nun nördlich des Kammes im Wald längere Querung, schließlich empor zum Tegelberg. Talfahrt mit der Bahn oder Rückweg durch die Bleckenau.

Der Branderschrofen: Der bekannte Tegelberg ist eigentlich nur eine Gratschulter des mächtigen Branderschrofens, 1880 m. Rechts des Kammes auf einem Steig zu den Gipfelfelsen, dann mit Hilfe von Drahtseilen recht steil zum Kreuz hinauf. Nur für Geübte.

8 Pöllatschlucht, Königsschlösser und Alpsee

Auf den Spuren König Ludwigs

Hohenschwangau — Gipsmühle — Pöllatschlucht — Neuschwanstein — Marienbrücke — Winterzugweg — Alpsee — Hohenschwangau

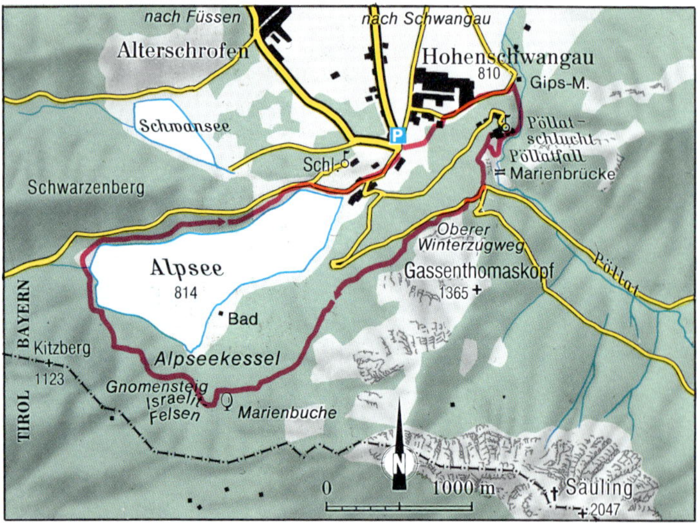

Talort: Hohenschwangau, 810 m, durch die Königsschlösser weitum berühmtes Reiseziel unmittelbar am Bergfuß.
Parkmöglichkeiten: Mehrere Großparkplätze im Ort.
Gehzeiten: Hohenschwangau — Pöllatschlucht — Jugend 1 Std., Weiterweg auf dem Oberen Winterzugweg und um den Alpsee etwa 1¼ Std.
Anforderungen: Wanderwege, nur der Steig durch die Pöllatschlucht ist etwas steiler.
Höchster Punkt: Jugend, 984 m.
Einkehrmöglichkeiten: Nur in Hohenschwangau.
Sehenswertes: Schloß Neuschwanstein, um 1870 entstanden, Hohenschwangau, im 19. Jahrhundert erneuerte Burg mit sehenswerter Gemäldesammlung (M. von Schwind).

Diese Wanderung erschließt dem Besucher alles Sehenswerte im Bereich der weltberühmten Königsschlösser. Er kann dabei Neuschwanstein, das Märchenschloß von König Ludwig II., und Hohenschwangau besichtigen, er steigt durch die reizvolle Pöllatschlucht mit ihren rundgeschliffenen Felsen und dem 45 m hohen Wasserfall auf, er schaut von der Marienbrücke herab, die eine Höhe von 92 m hat, und er wandert rund um den Alpsee, ein zwischen die Waldberge geschmiegtes Kleinod. Der 814 m hoch gelegene Bergsee hat trotz des Fremdentrubels in diesem Talwinkel noch weitgehend unberührte Ufer, lediglich an seinem Ostzipfel steht ein Hotel und im Süden gibt es eine Badeanstalt.

Rund um Neuschwanstein: Von der Ortsmitte auf dem Weg Nr. 1 am Bergfuß entlang zur Gipsmühle und hier nach rechts in die Pöllatschlucht. Auf dem guten, teilweise in den Felsen verankerten Steig bergauf zum Wasserfall, dann nach rechts bis vor das Schloß Neuschwanstein. Weiter zur Marienbrücke (sehr schöner Blick auf das Schloß) und zur Wegkreuzung an der Jugend.

Rund um den Alpsee: Von der Wegkreuzung auf dem oberen Weg (Richtung Säuling) ganz kurz aufwärts, anschließend rechts ab auf den Oberen Winterzugweg. Durch Wald und teilweise in interessanter Blocklandschaft wandert man zur Marienbuche. Nun am Israelit-Felsen vorbei und auf dem Gnomensteig hinab zum Südufer des Sees. Jetzt zuerst in Ufernähe, später ein Stück oberhalb am West- und Nordufer entlang zurück nach Hohenschwangau.

In der Pöllatschlucht unter dem Schloß Neuschwanstein.

9 Zwischen Hohenschwangau und Füssen

Eine ungewöhnlich abwechslungsreiche Wanderung

Hohenschwangau — Alpenrosenweg — Lechfall — Füssen — Kalvarienberg — Kienberg — Schwansee

Talort: Alterschrofen, 794 m, Gemeinde Schwangau.
Ausgangspunkt: Parkplatz südlich der Straße Füssen — Hohenschwangau, Abzweigung kurz vor dem Ortsende von Alterschrofen bei einer Ruine nach rechts.
Gehzeiten: Hinweg 1¾ Std., Rückweg 1¼ Std.

Anforderungen: Gute Wanderwege mit einigen Steigungen.
Höchste Punkte: Kalvarienberg, 953 m, evtl. Kienberg, 996 m.
Einkehrmöglichkeiten: Cafés und Gasthäuser in Füssen und Hohenschwangau.
Sehenswertes: Königschlösser, siehe Tour 8, Lechfall.

Mit ein wenig Geschick und Muße kann man aus dieser problemlosen Rundtour eine ganze Fülle der unterschiedlichsten Erlebnisse gewinnen. Das Besichtigen von Sehenswürdigkeiten, das Bestaunen eines sehr mächtigen Wasserfalls, das Wandern auf schattigen Waldwegen, ein Bummel durch das so malerische alte Städtchen Füssen mit seiner Fußgängerzone und dem Hohen Schloß, das Träumen auf einem stillen Aussichtsplätzchen und schließlich das Bad in einem verträumten Moorsee — all das gehört zum Programm.

Neuschwanstein, das „Märchenschloß“ König Ludwig II.

Hinweg: Vom Parkplatz durch den sehr schön angelegten Waldpark nach Hohenschwangau und hinauf zum gleichnamigen Schloß. Evtl. Besichtigung. Längs des Bergrückens nach Westen, südlich um den Perzenkopf, dann immer quer durch die teilweise sehr steilen Nordhänge des Schwarzenbergs auf dem Alpenrosenweg bis vor Ziegelwies. Sich nun rechts haltend zum sehr wasserreichen Lechfall. Auf dem Brückchen zum anderen Ufer und durch die Anlagen zum Stadtkern von Füssen. Abstecher in die Fußgängerzone und Besichtigungen.

Rückweg: Über die große Lechbrücke zurück auf die Südseite des Flusses. Kurz nach rechts, dann rascher Aufstieg auf den Kalvarienberg, 953 m, von dem aus man einen schönen Rückblick auf Füssen hat. Drüben hinab in den Sattel vor dem Kienberg. Evtl. Abstecher zu letzterem: Auf einem ganz kleinen Steig steil über den Kamm empor zum höchsten Grat und ein Stückchen durch Wald nach Osten, bis man zu einer freien Stelle mit herrlichem Blick nach Süden kommt. Zurück zum Sattel und nach Süden hinab zum Schwansee. Auf dem Sträßchen gelangt man wieder zurück zum Parkplatz.

10 Zur Kirche in der Wies

Hügelland — Moorseen — Blütenpracht

Fronreitnersee — Resle — Lindeggersee — Wies — Kreuzberg

Talort: Steingaden, 763 m.
Ausgangspunkt: Kreuzberg, 850 m; am südlichen Ortsrand von der Hauptstraße nach links ab, bei der Verzweigung dann auf der mittleren Straße weiter zu den Häusern südöstlich unterm Kreuzberg.
Parkmöglichkeit: Längs der Straße.
Gehzeit: Rundwanderung etwa 2¼ Std.

Anforderungen: Straßen und Fußwege.
Einkehrmöglichkeit: Ghs. in der Wies.
Sehenswertes: Romanische Pfarrkirche in Steingaden mit guter Barockausstattung, Wallfahrtskirche in der Wies, Meisterwerk des Rokoko von Dominikus Zimmermann, schilfumsäumte Moorweiher, Moorwiesen mit reicher Flora.

Der südöstliche Teil der Gemeinde Steingaden bildet eine Bilderbuchlandschaft im Kleinformat. Rasch wechseln Bauernwiesen mit Waldstücken, kleine Böden mit kräftigen Hügeln, in den Senken verstecken sich Moorweiher mit ausgedehnten Schilfufern, idealen Nistplätzen für die zahlreichen Sumpf- und Wasservögel, und immer wieder trifft man auf Bauernhöfe und Weiler. Das ist so recht eine Landschaft für die Stillen und Besinnlichen. Nur bei der berühmten Wallfahrtskirche in der Wies, einem der vollendetsten Kunstwerke des Rokoko, gerät man in regen Fremdentrubel.

Die Wies-Rundwanderung: Auf dem Sträßchen über den Bach nach Osten und dann an dem Hügel entlang nach Süden zum Fronreitnersee. Links über dem See entlang, dann über eine Kuppe hinüber zum Gut von Resle. Auf der nun größeren Straße nach links, nahe am Südzipfel des Lindeggersees vorbei, dann durch Hochwald hinüber zu den freien Flächen südlich der Wies und weiter bis zur Wallfahrtskirche (871 m). Zwischen den

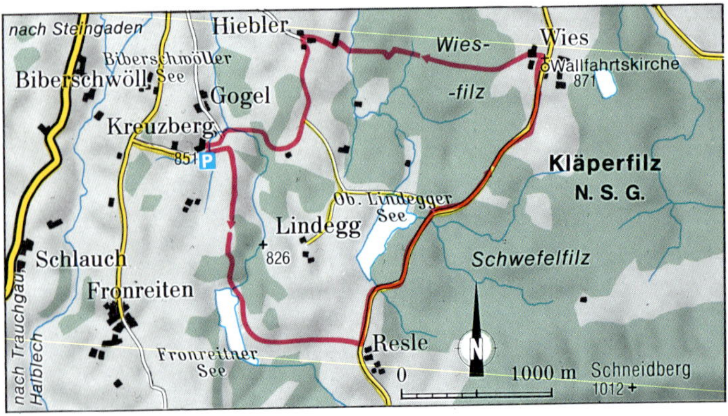

Die weltberühmte Rokoko-Wallfahrtskirche „In der Wies".

Häusern hindurch nach Westen zum nahen Waldrand und auf dem Brettlesweg quer über den Wiesfilz und über zwei Bacheinschnitte zu den Häusern von Hiebler. Nun wieder links abbiegen (südlich), nach 500 m rechts auf den Feldweg und in einem Bogen zurück zum Kreuzberg.

11 Zum Schmutterweiher

Hügelland mit Mooren und Seen

Tiefenbruck — Gurremarren — Nepfen — Schmutterweiher — Egelmoosen — Tiefenbruck

Talort: Roßhaupten, 815 m, stattliches Dorf, etwa 1½ km nordwestlich des Forggensees.
Ausgangspunkt: 2 km auf der Straße Richtung Buching, kurz vor dem Staudamm des Forggensees Abzweigung nach links, gleich darauf wieder Abzweigung nach Tiefenbruck.
Parkmöglichkeit: Am besten parkt man an der zweiten Abzweigung am Straßenrand.
Gehzeit: Für die Rundwanderung etwa 1½ Std.
Anforderungen: Feldwege und Bauernsträßchen, die keine größeren Steigungen aufweisen.
Einkehrmöglichkeit: Kiosk beim Schmutterweiher.
Sehenswertes: Stauanlage und Kraftwerk Forggensee / Roßhaupten.

Jeder phantasievolle Naturliebhaber kann aus dieser gemütlichen Wanderung etwas Besonderes machen. Sie läßt sich zu jeder Jahreszeit, zu jeder Tageszeit durchführen. Im Frühsommer etwa blühen auf den feuchten Wiesen Enziane, Trollblumen, Mehlprimeln, Knabenkräuter und was sonst noch alles für diese Standorte typisch ist. Und wer etwas Geduld aufbringt, der wird in und um die Weiher ein reges Leben entdecken: von Wasserläufern über Frösche bis zu den verschiedenen Entenarten ist hier alles vertreten. Im Hochsommer eignet sich der Schmutterweiher hervorragend als warmes Bade- und Planschbecken, und im Herbst gibt der bunte Vordergrund einen besonders schönen Kontrast ab zu den klaren, scharfgeschnittenen Bergketten.

Zum Schmutterweiher: Von der zweiten Abzweigung links durch einen kleinen Wald ins Dörfchen Tiefenbruck. Nun meist über freie Höhen zwischen ausgedehnten Bauernwiesen hinüber in die etwas verfallene Einöde

Gurremarren und immer weiter auf dem Sandsträßchen zum kleinen Egelsee. Etwas aufwärts nach Nepfen, einem weiteren Einödhof, dann wieder abwärts zum Nordufer des recht großen Schmutterweihers. Bademöglichkeit.

Rückwege: Entweder auf dem gleichen Weg zurück (die kürzeste Möglichkeit) oder von Nepfen hinüber zum nahen Egelmoosen. Von dort auf der kleinen Straße etwa 1 km Richtung Huttlermühle, dann jedoch genau nach Süden zwischen den teilweise nassen Wiesen, später zwischen Hügeln zur Straße Roßhaupten — Buching. Auf ihr kurz nach links, bis ein Fahrweg nach Tiefenbruck abzweigt.

Blick vom Schmutterweiher auf Firstberg, Grubenkopf und Feigenkopf.

12 Die Molasseberge

Stille, aussichtsreiche Hügellandschaft

Roßhaupten — Tiefental-Kapelle — Alte Reiten — Kobus — Kalvarienberg — Felsenweg — Vorderzwieselberg — Buch (Zwieselberg) — Roßhaupten

Ausgangspunkt: Roßhaupten, 815 m, größerer Ort nordwestlich des Forggensees.
Parkmöglichkeiten: Längs der Dorfstraßen.
Gehzeiten: Rundweg etwa 2 Std., Abstecher zum Zwieselberg 40 Min.
Anforderungen: Straßen und Fußwege, wobei lediglich eine kräftigere Steigung zurückzulegen ist.
Höchster Punkt: Evtl. Zwieselberg, 1055 m.
Einkehrmöglichkeiten: Nur in Roßhaupten.

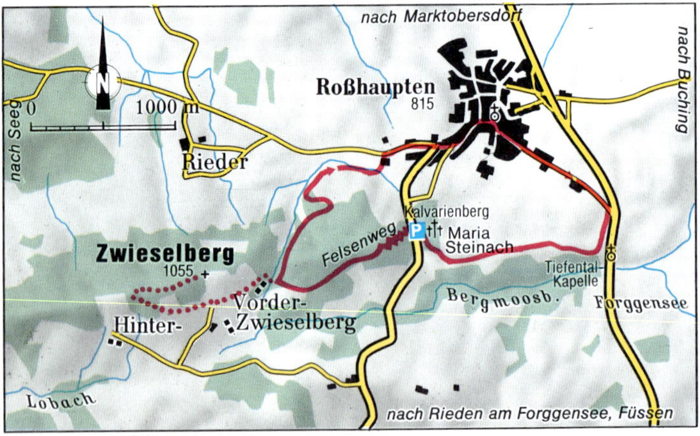

Südlich von Roßhaupten zieht eine sehr auffallende Hügelkette nach Westen. Irrtümlich werden diese Köpfe, die immerhin bis zu 1055 Meter hoch sind, als Moränen angesehen. In Wirklichkeit handelt es sich um Molasserücken, die bei der Alpenfaltung aufgeworfen wurden; das sind gleichsam die letzten Runzeln dieses Gebirges. Wiesen, Waldstücke und Lichtungen folgen dort rasch aufeinander, das macht eine Wanderung besonders abwechslungsreich. Und großartig ist der Blick nach Süden auf den Forggensee und die so markanten Gipfel dahinter.

Über Kobus und Am Felsen: Von der Kirche in Roßhaupten auf der Haupt- und der Füssner Straße bis kurz vor die Schnellstraße. Hier rechts ab und

Ussenburg bei Roßhaupten, hinten die Schlicke in den Tannheimern.

auf kleinerem Weg zur Tiefental-Kapelle. Auf dem Weg Nr. 198 kurz durch Wald hinauf zu den freien Höhen und weiter nach Westen in eine Senke. Auf einen weiteren Kopf — stets sehr schöner Blick nach Süden — dann nach Norden etwas abwärts bis zum Kapellchen am Kalvarienberg (Maria Steinach). Hier links zur Straße. Kurz oberhalb beginnt der steile „Felsenweg". Hier ein gutes Stück empor, bis man bei einer Schulter auf eine Straße trifft. Auf ihr durch Wald südlich um den Kopf herum und durch ein Waldtal nach Norden hinab. Nach rechts zurück nach Roßhaupten.

Abstecher zum Buch (Zwieselberg): Am Beginn des oben erwähnten Waldtales bei einem Schild links ab und zu den Höfen von Vorderzwieselberg. An den oberen Häusern vorbei, auf einem Bauernweg nach Westen und schließlich durch Wald zum Grat hinauf. Auf ihm nach rechts zum höchsten Punkt. Rückweg auf der gleichen Route.

13 Rund um den Hopfensee

Eine gemütliche Wanderung

Hopfen — Fischerbichl — Schorenmoos — Wiesbauer — Vilser — Burgplatz — Hopfen

Ausgangspunkt: Hopfen am See, 801 m, ein Ferienort in besonders schöner Lage am aufsteigenden Nordufer des Hopfensees mit freiem Blick zu den Bergen; große Klinik für Rheumakranke.
Parkmöglichkeiten: Längs der Uferpromenade.
Gehzeiten: Rund um den See 1½ Std., Aufstieg zum Burgplatz 20 Min. mehr.

Anforderungen: Rund um den See bequeme Spazierwege, zum Burgplatz 100 m Steigung.
Höchster Punkt: Burgplatz, 898 m.
Einkehrmöglichkeit: Ghs. Wiesbauer.
Sehenswertes: Noch ursprünglich erhaltene, artenreiche Schilf- und Moorlandschaft, Brutplatz vieler Sumpf- und Wasservögel.

Die drei natürlichen von den großen Seen im Füssener Land, Bannwald-, Hopfen- und Weißensee, sind nicht nur etwa gleich groß, sie liegen auch nahezu auf gleicher Höhe (nur drei Meter Unterschied), und doch hat jeder der Seen seinen ganz eigenen Charakter. Wir wollen uns heute den Hopfensee anschauen. Im Norden schmiegt er sich an dunkle Waldhügel, hier ist das Ufer dicht bebaut, und eine Promenade zieht am Wasser entlang. Das Südufer hingegen wird von Schilfflächen eingefaßt, und es geht dann in ein Moor über. Hier fühlen sich noch die Wasser- und Sumpfvögel zuhau-

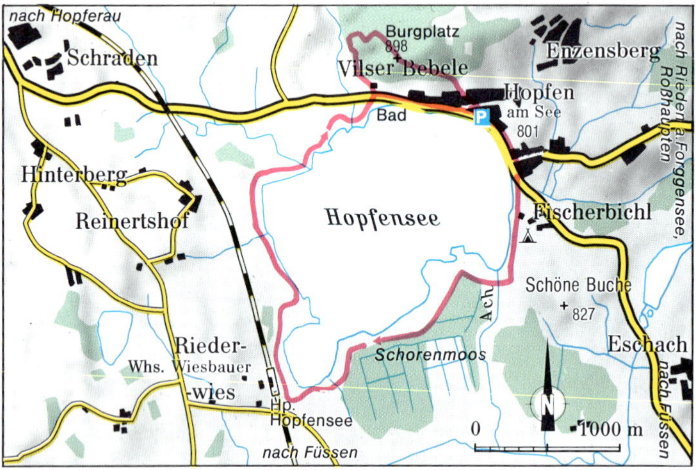

se. Wir wollen unseren Seerundgang mit einer Minibergtour abschließen, um von oben noch einmal alles zu bewundern.

Rund um den Hopfensee: Auf der Promenade am Ostufer entlang nach Süden und am Campingplatz Fischerbichl vorbei. Nun nach rechts über die Ach, den Abfluß des Sees, und auf dem gut ausgebauten Fußweg durch eine schöne Schilf- und Moorlandschaft bis zum Haltepunkt Hopfensee, hinter dem das Gasthaus Wiesbauer (ganz kurzer Abstecher) liegt. Anschließend längs des Westufers wieder nach Norden und zwischen feuchten Wiesen hinüber zum Freibad im Ortsteil Vilser. Auf der Promenade zurück.

Abstecher zum Burgplatz: Beim Bad über die Straße und nach Norden in den Wald. Bei einer Verzweigung rechts auf einem Fahrweg empor und rechts hinaus zum Burgplatz mit bescheidenen Resten einer einstigen Anlage. Der an sich sehr schöne Blick ist leider durch Bäume etwas eingeschränkt. Auf dem Burgweg direkt ins Ortszentrum hinab.

Der Hopfensee nach Sonnenuntergang mit dem Kienberg (links).

14 Beichelstein und Senkelekopf

Der langgestreckte Nagelfluhrücken

Brandstatt — Goimenen — Beichelstein — Senkelealpe — Senkelekopf

Talort: Seeg, 854 m, sehr schön auf einer Höhe gelegener, stattlicher Ort im hügelreichen Alpenvorland.
Ausgangspunkt: Mühlbachbrücke, 810 m. Am südlichen Ortsrand von Seeg von der Straße nach Füssen nach links ab und etwa 1 km über Felben und Zeil zur Brücke.
Parkmöglichkeiten: lediglich am Straßenrand.
Gehzeiten: Hinweg 1½ Std., Rückweg 1 bis 1¼ Std.
Anforderungen: Die Wanderung verläuft auf meist breiten Feldwegen, jedoch sind einige Steigungen zu bewältigen.
Höchste Punkte: Beichelstein, 1002 m, Senkelekopf, 1047 m.
Einkehrmöglichkeit: Beichelsteinalp (nur Erfrischungen).

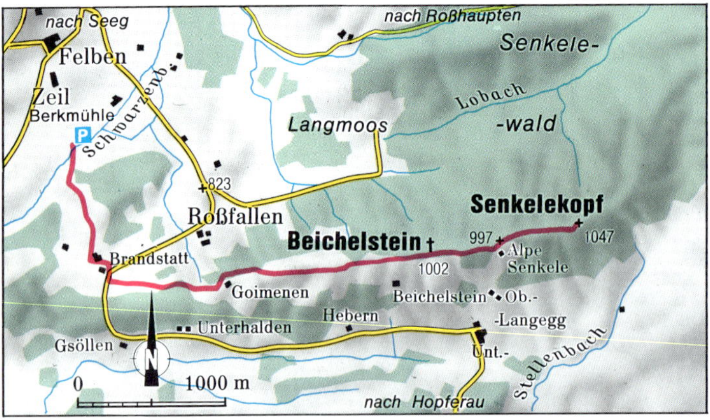

Wer nicht von der Eile getrieben wird, der beginnt diese Wanderung schon hinter Zeil. Ihr besonderer Reiz liegt nämlich in der Steigerung. Immer freier, immer eindrucksvoller wird der Blick. Schließlich stehen all die großen Berge des Ostallgäus vis-à-vis, zu Füßen breitet sich die Hügelwelt um Hopferau mit ihren zahllosen Dörfchen und Weilern — wer kennt all die Namen? — aus, und es leuchtet die weite Fläche des Hopfensees. Beim Beichelstein trifft man zudem auf eine ganz eigenartig geformte Mini-Landschaft. Der höchste, völlig freie Rücken ist in kleinste Kuppen, Tälchen und Mulden aufgeteilt. Es gibt zudem ein paar — bescheidene — Felsen aus Konglomeraten, einem Gestein, das aus runden Kieseln zusammengebacken ist und im Allgäu die Bezeichnung Nagelfluh trägt.

Auf dem Weg zum Beichelstein, hinten Aggenstein und Brentenjoch.

Die Route: Von der Brücke auf dem Feldweg genau nach Süden und über die Wiesen empor zum großen Einödhof Brandstatt. Ganz kurz auf der Teerstraße weiter, dann links abbiegen. Ein Bauernsträßchen führt durch Wald mit malerischen Lichtungen weiter empor zum versteckten Hof von Goimenen. Bald darauf wird der Rücken völlig waldfrei und ist in viele Köpfchen und Mulden aufgeteilt. Man kommt zum Kreuz auf dem Beichelstein. Rechts, etwas unterhalb, liegt die Alpe Beichelstein. Auf einem nun schmäleren Weg weiter am Rücken entlang zur Alpe Senkele, kurz hinter ihr liegt der bewaldete Senkelekopf. Es empfiehlt sich, beim Rückweg die gleiche Route zu benützen (viel schöner als alle anderen Möglichkeiten).

15 Eisenberg und Hohenfreyberg

Burgruinen in herrlicher Lage

Schwarzenbach — Schweineggerweiher — Hohenfreyberg — Eisenberg — Schloßbergalp — Lieben — Schwarzenbach

Ausgangsort: Eisenberg, 854 m, weitverstreute Gemeinde am Südfuß des Schloßbergs in einer parkartigen Landschaft.
Ausgangspunkt: Die Wanderung ist reizvoller und abgerundeter, wenn man sie im Dörfchen Schwarzenbach beginnt. Dorthin von Eisenberg über Weizern und Enzenstetten, gut 5 km.
Parkmöglichkeiten: Am Straßenrand in Schwarzenbach.

Gehzeit: Rundweg etwa 1½ Std.
Anforderungen: Meist Bauernsträßchen, kurzzeitig auch Bergwege.
Höchste Punkte: Hohenfreyberg, 1041 m, Eisenberg, 1055 m.
Einkehrmöglichkeit: Bergrestaurant Schloßbergalp.
Sehenswertes: Ruine Eisenberg, wird zur Zeit renoviert, und Ruine Hohenfreyberg, die Anlagen stammen aus dem 12. bzw. 15. Jahrhundert.

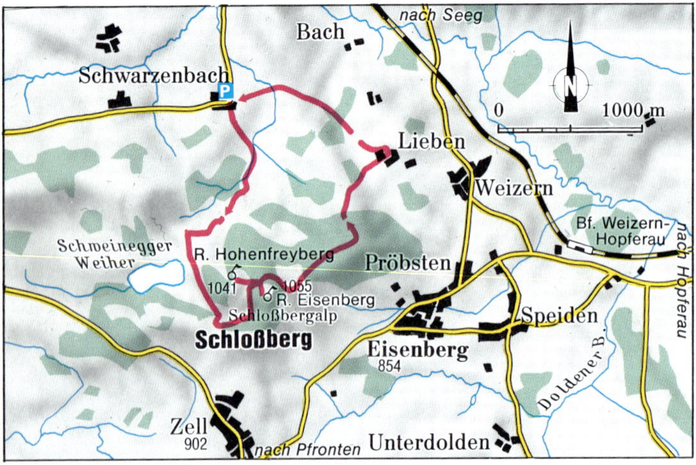

Wer möchte nicht Burgherr auf Eisenberg oder Hohenfreyberg sein! Einen schöneren Blick kann ein Hügel im Voralpenland nicht mehr bieten! Zu Füßen liegt das Dorf Zell, und südlich der parkartigen Kuppenlandschaft ragen die Alpengipfel mächtig in den Himmel, von denen vor allem der dunkle, so unregelmäßig geformte Aggenstein ins Auge fällt. Ob die Burgbewohner im Mittelalter wohl viel Sinn für derartige Schönheiten hatten? Seit dem Dreißigjährigen Krieg gibt es nur noch Ruinen, und so wohnen

Hohenfreyberg war einst eine sehr stattliche Burg.

heute dort oben allenfalls Krähen oder Mäuse. Man ist jedoch im Moment dabei, die Burg Eisenberg teilweise wieder aufzubauen.

Die Rundwanderung: In Schwarzenbach auf dem Bauernsträßchen nach Süden und bei der ersten Verzweigung links weiter. Im Bereich des Baches talein zum Schweineggerweiher. An ihm links vorbei und durch ein Grastälchen in einem weiten Bogen hinauf zur Ruine Hohenfreyberg. Durch dichten Wald hinüber zur nahen Burg Eisenberg. Jetzt nach Osten hinab zur Schloßbergalp und im Wald weiter über den Bergkamm. An seinem Ende biegt der Steig nach Norden ab und führt hinab in den Weiler Lieben. Auf einem Fahrweg zwischen den Wiesen zurück nach Schwarzenbach.

16 Weißensee und Zirmgrat

Die Wanderung der Gegensätze

Alatsee — Weißensee — Oberkirch — Roßmoos — Zwölferkopf — Zirmgrat — Saloberalpe — Alatsee

Talort: Füssen, 808 m, reizvolles Städtchen an der Ausmündung des Lechs ins Alpenvorland mit einem Schloß in beherrschender Lage, historische Altstadt.
Ausgangspunkt: Alatsee, 868 m, von Füssen Richtung Kempten 3 km, dann links ab und Bergstraße zum See.
Parkmöglichkeit: Parkplatz am Nordufer.

Gehzeit: Für den gesamten Rundweg 3½ Std.
Anforderungen: Teilweise Bergwege.
Einkehrmöglichkeiten: Ghs. im Bereich des Weißensees, Berggasthaus Saloberalpe, Ghs. am Alatsee.
Sehenswertes: Fußgängerzone Füssen, barocke Pfarrkirche St. Mang, Hohes Schloß.

Der Weißensee gehört schon zu den größeren Wasserflächen des Ostallgäus. Im Süden schmiegt er sich an die steilen Waldhänge, während die anderen Ufer weit und sonnig sind. Hier beleben zwei Dörfer das Bild, und die Riesenpyramide des Säuling gibt einen sehr markanten Hintergrund. Der kleine Alatsee hingegen, der nur hundert Meter höher liegt, bietet einen viel alpineren Anblick. Wald umschließt ihn völlig. Er versteckt sich in einem Minital, das in den schmalen Bergrücken zwischen Füssen und Pfronten eingeschnitten ist. Dieser Gipfelkette gilt der zweite Teil unseres Ausflugs.

Die Zirmgrat-Rundtour: Vom Parkplatz am Alatsee auf der Straße 200 m zurück, dann links auf dem Weg Nr. 82 durch Wald hinab zum Weißensee-Südufer. Am Wasser entlang, bis man unterhalb von Oberkirch ist. Nun links empor und auf der alten Dorfstraße nach Hinteregg. Hier wieder links, auf einer Brücke über die Schnellstraße und ins Dörfchen Roßmoos. Vom südwestlichen Eck des Ortes auf Feldwegen zum Waldrand (Schild „Falkenstein“). Im Wald in einer weiten Kehre empor, bis man ganz kurz unter dem Grat auf das kleine Falkenstein-Sträßchen trifft. (Hier Anschluß an die Tour 17.) Beim Sattel direkt oberhalb wieder links, durch steilen Wald empor und dann über Zwölferkopf, 1283 m, und Zirmgrat, 1293 m, — teilweise herrlicher Blick nach Süden — und nördlich um den Salober zur gleichnamigen Alpe (Gasthaus). Auf einem steinigen Sträßchen steil zum Alatsee hinab, den man evtl. noch umwandern kann.

Früher Morgen am Weißensee, im Hintergrund die Schlicke.

17 Rund um den Falkenstein

Aussichtswarte und Ruine über Pfronten

Pfronten-Steinach — Südhänge — Mariengrotte — Falkenstein — Schloßangeralp — Manzengratweg — Pfronten-Steinach

Talort: Pfronten, 882 m, ein sehr beliebter Ferienort, der aus dreizehn Einzeldörfern zusammengesetzt ist und in einem weiten, sonnigen Tal liegt.
Ausgangspunkt: Pfronten-Steinach, 849 m, der südlichste Teil des Ortes.
Parkmöglichkeiten: An der Talstation der Breitenbergbahn.
Gehzeiten: Aufstieg 1½ Std., Abstieg 1½ Std., Abstecher zum Zirmgrat 1 Std.
Anforderungen: Gute Steige, nur der Abstieg zur Schloßangeralp ist steil.
Höchste Punkte: Falkenstein, 1268 m, evtl. Zirmgrat, 1288 m.
Einkehrmöglichkeiten: Burggaststätte Falkenstein, Hotel Schloßangeralp, Manzenstüble.
Sehenswertes: Barocke Pfarrkirche in Pfronten-Berg mit auffallendem Turm und schöner Innenausstattung.

Der 1268 m hohe Falkenstein mit seiner klotzigen Burgruine beherrscht das Panorama im Osten von Pfronten. Die Burg der Augsburger Bischöfe und deren Pfleger wurde im Dreißigjährigen Krieg zerstört. Die heutigen Reste sind eine Besichtigung nicht mehr wert, deshalb muß man die Gebühr für den Zugang als etwas Unerfreuliches bezeichnen. Sehenswert ist nur die wirklich schöne Aussicht — und die ist ja eigentlich kein Privateigentum. Wußten Sie außerdem, daß Ludwig II. von Bayern auf dem Falkenstein eine besonders märchenhafte Burg errichten wollte?

Der Aufstieg über die Südseite: Vom Parkplatz kurz auf der Straße nach Osten, dann auf der Zirmenbrücke über die Vils. Kurz aufwärts, dann immer schräg nach rechts durch die steilen, manchmal felsdurchsetzten Hän-

Blick von den Wiesen bei Pfronten-Meilingen auf den Falkenstein.

ge mit schönen Ausblicken weiter aufwärts zur Mariengrotte, einer gewaltigen Felsgufel in der senkrechten Südwand des Falkensteins. In ein paar Kehren hinauf zur Burggaststätte und zur Ruine (Eintrittsgebühr).

Der Abstieg über den Manzengrat: Kurz unter der Burggaststätte von der Straße ab und auf einem steilen Steiglein zur Schloßangeralp auf schöner Waldwiese hinab. Links um das Hotel herum, dann hinauf zum Waldrand und auf dem Manzengratweg nach Westen hinab (schöner Blick ins Tal). Schließlich auf dem Unteren Manzenweg zurück zur Zirmenbrücke.

Abstecher zum Zirmgrat: Schöne, stille Alternative zum überlaufenen Falkenstein. Aufstiegsweg siehe Tour 16.

18 Aggenstein und Breitenberg

Eckpfeiler der Tannheimer Berge

Pfronten-Steinach — Hochalpe — Breitenberg oder Aggenstein — Pfrontner Hütte — Hochalpe

Talort: Pfronten, 882 m, sehr beliebter Ferienort, der aus dreizehn Einzeldörfern zusammengesetzt ist und in einem weiten, sonnigen Tal liegt. Einer der höchstgelegenen Ferienorte Deutschlands.
Ausgangspunkt: Grat zwischen Breitenberg und Aggenstein, 1680 m. Zufahrt von Steinach mit Breitenberg- und Hochalpbahn.
Parkmöglichkeit: Großer Parkplatz an der Talstation.
Gehzeiten: Breitenberg 30 Min., Aggenstein gut 1 Std.
Anforderungen: Breitenberg problemlos, beim Aggenstein Trittsicherheit notwendig, nur für Geübte.
Höchste Punkte: Breitenberg, 1838 m, Aggenstein, 1986 m.
Einkehrmöglichkeiten: Ostlerhütte, Pfrontner Hütte, Hochalphütte.
Sehenswertes: Barocke Pfarrkirche in Pfronten-Berg.

Zu dem besonderen Reiz des Ostallgäus tragen die Tannheimer Berge einen guten Teil bei. An kaum einer anderen Stelle gibt es schon am Alpenrand eine so felsige und scharfgeschnittene Bergkulisse wie hier. Die auffallendste Erscheinung ist dabei der Aggenstein mit seinen fast schwarzen Nordwänden und dem halb abgerundeten und halb gezackten Gipfelgrat. Diese so eigenartig asymmetrische Berggestalt ist wirklich unverwechselbar. Breitenberg- und Hochalpbahn tragen den Besucher bis in 1680 m Höhe empor. So ist's bis zum Breitenberg mit seiner Gipfelhütte wirklich nur noch ein Katzensprung. Auch der Aggenstein läßt sich in einer guten Stunde erreichen, falls einem das steile, teilweise sogar schrofige Gelände kei-

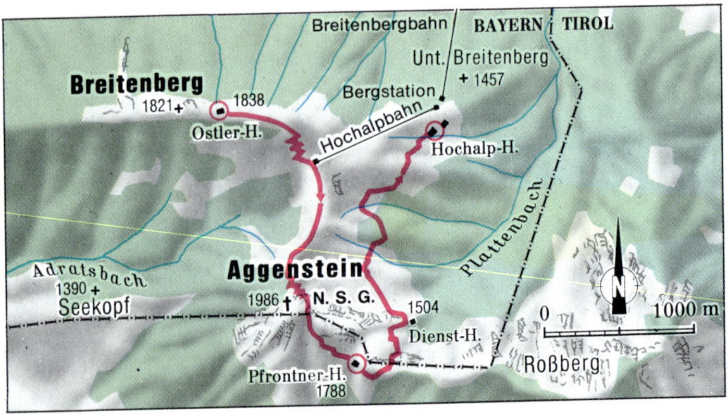

Die Südflanke des Aggensteins, etwa in der Mitte die Pfrontner Hütte.

ne Schwierigkeiten bereitet. Der Rückweg über die Pfrontner Hütte rundet die reizvolle Tour ab.

Zum Breitenberg: Von der Bergstation des Hochalpliftes nach rechts und immer etwas südlich neben dem Bergkamm mühelos zum Gipfel mit der Ostlerhütte.

Aggenstein-Rundtour: Von der Bergstation über den Kamm nach Süden, dann auf einer schmalen, steilen Fläche in vielen kleinen Kehren auf dem steinigen Weg hinauf zur Ostschulter. Mit Hilfe von Drahtseilen steil zum Gipfelkreuz. Zurück zur Ostschulter und schräg hinab durch die Steilhänge zur Pfrontner Hütte (Grenze, Ausweis mitnehmen). Kurz danach wieder über den Kamm nach Norden hinunter, dann quer durch die Hänge zurück zur Hochalpe (Bahn).

19 Vom Breitenberg zur Fallmühle

Der große Gratabstieg

Pfronten-Steinach — Breitenbergbahn — Hochalpbahn — Breitenberg — Westgrat — Achental — Fallmühle — Pfronten-Steinach

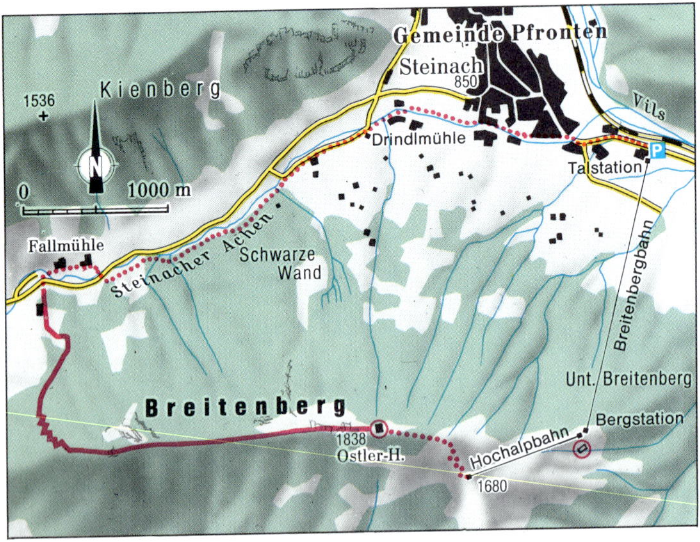

Talort: Pfronten, 882 m, ein sehr beliebter Ferienort, der aus dreizehn Einzeldörfern zusammengesetzt ist und in einem weiten, sonnigen Tal liegt.
Ausgangspunkt: Talstation der Breitenbergbahn in Pfronten-Steinach.
Parkmöglichkeit: Großer Parkplatz an der Talstation.
Gehzeiten: Gipfelaufstieg 30 Min., Abstieg über den Westgrat 1¼ bis 1¾ Std., Rückweg durchs Achental 1 Std., Westgrat im Aufstieg 2½ Std.
Anforderungen: Ordentlicher Bergweg.
Höchster Punkt: Breitenberg, 1838 m.
Einkehrmöglichkeiten: Berghaus Allgäu, Ostlerhütte am Breitenberg, Ghs. Fallmühle.
Sehenswertes: Barocke Pfarrkirche in Pfronten-Berg mit auffallendem Turm und schöner Innenausstattung.

Breitenberg — der Name deutet schon auf die Form dieses Gipfels hin. Über etwa drei Kilometer verläuft der Grat schnurgerade von Osten nach Westen, ist eine sehr ausgeprägte Schneide über steilen Hängen. Trotz der Latschen und Fichten gibt das natürlich eine interessante Wanderung. Doch wie soll man die Sache anpacken? Nützt man die Bahn und den Lift aus, die einen bis in 1680 m Höhe tragen? Dann muß man jedoch vier Kilometer durchs Tal zurückwandern. Oder macht man sich die Mühe und begeht die Route auch im Aufstieg? Die bequemste Lösung bietet natürlich die Verwendung von zwei Autos.

Die Überschreitung: Mit der Bahn und dem anschließenden Lift auf den Grat zwischen dem dunkelfelsigen Aggenstein und dem Breitenberg und ganz bequem auf dessen Gipfel, wo die Ostlerhütte steht. Nun immer längs des Grates nach Westen, der anfangs ganz flach verläuft, dann immer stärker und stärker absinkt. Ab 1400 m Höhe dann durch die teilweise sehr steile Flanke im Wald hinab ins Achental, das man in der Nähe der Fallmühle erreicht. Ab hier immer rechts des Baches auf kleinen Straßen (die Hauptstraße ist auf der anderen Bachseite) talaus zur Drindlmühle und immer noch am Bach entlang am südlichen Ortsrand von Steinach entlang zurück zur Breitenbergbahn.

Der Aggenstein und der an der Form unverkennbare Breitenberg.

20 Himmelreich und Bärenmoos

Almwanderung mit Gipfelmöglichkeit

Fallmühle — Himmelreich — Bärenmoosalpe — Pfrontner Alp — Schönkahler — Achental

Talort: Pfronten, 882 m, ein sehr beliebter Ferienort, der aus dreizehn Einzeldörfern zusammengesetzt ist und in einem weiten, sonnigen Tal liegt.
Ausgangspunkt: Fallmühle, 940 m, gut 3 km von Pfronten-Steinach an der Straße ins Tannheimer Tal.
Parkmöglichkeit: Kleiner Parkplatz beim Ghs.
Gehzeiten: Fallmühle — Bärenmoosalpe 1¼ Std., Weiterweg zur Pfrontner Alp 1 Std., von dort zum Gipfel des Schönkahlers 40 Min.
Anforderungen: Teilweise etwas steinige Bergwege.
Höchste Punkte: Bärenmoosalpe, 1284 m, Pfrontner Alp, 1456 m, Schönkahler, 1688 m.
Einkehrmöglichkeit: Keine.
Sehenswertes: Barocke Pfarrkirche in Pfronten-Berg mit schöner Innenausstattung.

Bei Pfronten kann man sich das Himmelreich recht mühelos verdienen, nämlich in einer gemütlichen Wanderung von 45 Minuten. Ein malerischer Wiesensattel zwischen Kienberg und Westerkienberg, der mit mächtigen

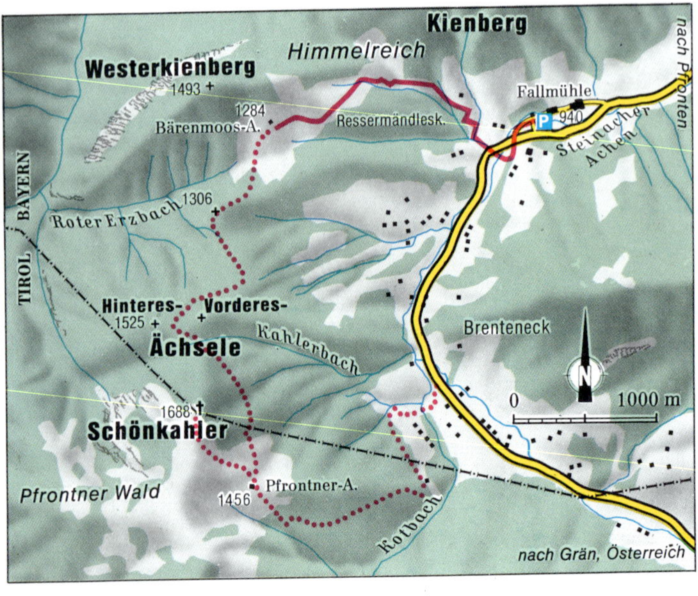

Blick über das Achental auf den Schönkahler.

Wetterfichten verziert ist, trägt diesen Namen. Auch die Bezeichnung des nächsten Weidebodens ist ungewöhnlich, wenn sie auch etwas völlig anderes aussagt — Bärenmoos. Hier kann zudem jeder die Länge seiner Wanderung selbst bestimmen, es gibt nicht weniger als drei verschiedene Möglichkeiten.

Himmelreich und Bärenmoosalpe: Von der Fallmühle auf der alten Straße einige Minuten talauf, bis ein Ziehweg neben einem Bach unter der großen Brücke der Schnellstraße hindurchführt. Nach ein paar weiteren Minuten rechts auf die freie Wiese. Oberhalb zieht ein alter, steiniger Weg nach links in den Wald hinauf. Ihm folgt man bis zu den Wiesen des Himmelreichs. Bei der Wegverzweigung links weiter und über sanfte Böden hinauf zur Bärenmoosalpe.

Weitere Möglichkeiten: Man kann nun entweder auf dem gleichen Weg zurückkehren oder auf dem Steig Nr. 3 meist im Wald weiterwandern. Man kommt zwischen dem Vorderen und Hinteren Achsele hindurch und quert den Schönkahler ostseitig zur Pfrontner Alp. Von hier auf Pfadspuren über die Alpweiden zum Kamm und nach rechts zum Gipfelkreuz. Direkter Abstieg von der Pfrontner Alp ins hintere Achental und etwa 2 km parallel zur Straße zurück zur Fallmühle.

21 Edelsberg, 1629 m, Alpspitze, 1575 m

Waldkopf und Aussichtskanzel

Nesselwang — evtl. Wasserfall — Sportheim Böck — Edelsberg — Fichtelhütte — Abstecher Alpspitze

Talort: Nesselwang, 867 m, stattlicher Ferienort in einem nach Norden offenen Talboden.
Ausgangspunkt: Talstation der Sessellifte (Alpspitzbahnen) südlich knapp oberhalb der Häuser in 920 m Höhe.
Parkmöglichkeiten: Großer Parkplatz direkt unter dem Lift.
Gehzeiten: Parkplatz — Sportheim Böck zu Fuß 1½ Std., von dort zum Gipfel des Edelsberges 45 Min., Abstecher auf die Alpspitze 15 Min.
Anforderungen: Bergwege ohne Gefahren.
Höchste Punkte: Edelsberg, 1629 m, Alpspitze, 1575 m.
Einkehrmöglichkeiten: Imbißstüble bei der Bergstation, Sportheim Böck.

Dieser Kopf, der zwischen Pfronten, Nesselwang und Wertach am Alpennordrand aufragt, wirkt wegen der sanften Formen und des dichten Waldmantels eher unscheinbar. Und doch gehört er zu den ungewöhnlichen Bergen. Er springt nämlich als einziger Gipfel seiner Region sehr weit nach Norden vor. So fällt er nicht nur von vielen Stellen des Alpenvorlandes aus ins Auge — wie etwa von den Ostallgäuer Seen —, er wird dadurch auch zu einem Aussichtsberg der Extraklasse. Allerdings schränken die hochgewachsenen Fichten den Blick teilweise ein und zwar ausgerechnet nach Süden, wo die interessantesten Gipfel stehen. Warum die Bäume nicht etwas ausgeschnitten werden, ist unverständlich. Dem Edelsberg ist nördlich die Alpspitze vorgelagert, die mit einem besonders schönen Tiefblick aufwartet.

Rundtour Edelsberg: Vom Parkplatz entweder mit dem Lift zum Sportheim Böck oder dorthin zu Fuß auf dem reizvollen Steig durch ein waldiges, und teilweise etwas felsiges Bachtal (Miniwasserfall). Zum Beginn des Steiges

Hopfensee und Edelsberg nach Sonnenuntergang.

vom Parkplatz nach links durch eine Allee zum Waldrand. Vom Sportheim quer durch die Hänge der Alpspitze in den weiten Sattel zwischen beiden Gipfeln. Etwas nach rechts, dann auf dem breitausgetretenen Steig zwischen Bäumen zum Gipfel. Abstieg anfangs auf dem Kamm genau nach Osten, dann in Kehren über die steilen, freien Hänge zur privaten Fichtelhütte und quer durch den Hang zurück zum weiten Sattel.

Abstecher Alpspitze: Vom erwähnten Sattel nach Norden über sanfte Weideflächen zum Gipfel.

22 Schönkahler, 1688 m

Eine stille Höhenwanderung

Zöblen — Unterhalde — Oberhalde — Alter Hof — Pirschling — Schönkahler

Talort: Zöblen, 1087 m, kleines Feriendorf im westlichen Teil des Tannheimer Tales.
Parkmöglichkeiten: Beschränkter Parkraum im Dorf. Eventuell beim Ghs. Zugspitzblick parken.
Gehzeiten: Zöblen — Ghs. Zugspitzblick 40 Min., von dort auf den Pirschling 1½ Std., Weiterweg zum Schönkahler 20 Min.
Anforderungen: Bergwege ohne alle Schwierigkeiten.
Höchste Punkte: Pirschling, 1634 m, Schönkahler, 1688 m.
Einkehrmöglichkeit: Berggasthaus Zugspitzblick.

Der erste Teil des Ausflugs führt über einen steilen, völlig freien Wiesenhang. Zu Füßen breitet sich das Tannheimer Tal aus, und gegenüber rei-

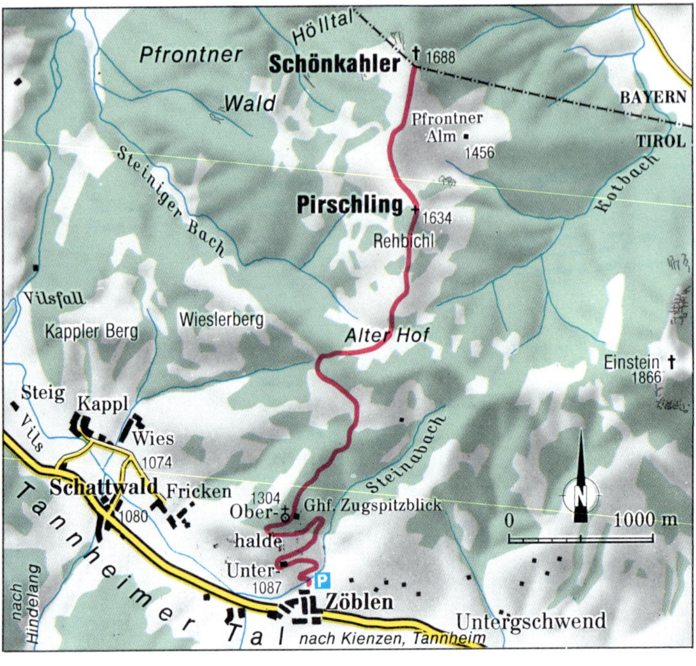

Die Höfe von Unterhalde am Weg zum Ghs. Zugspitzblick bei Zöblen.

hen sich die Gipfel der Vilsalpseeberge wie ein Panorama aneinander. Der Ponten, 2045 m, mit seinem dunkelfelsigen, gezähnten Nordgrat fällt dabei besonders ins Auge. Der zweite Teil des Weges hingegen führt durch eine Landschaft völlig anderer Art. Lauschige, weltabgeschiedene Lichtungen wechseln mit kurzen Waldpassagen. Das Gelände ist flach und wellig, selbst die beiden Gipfel zeigen runde und weitläufige Formen. Das ist so recht ein Gelände zum Bummeln und Träumen.

Die Route: An einem Wildgatter mit Steinböcken etc. vorbei zum obersten Teil des kleinen Ortes und über die Steinbachbrücke nach links zu den wenigen Häusern von Unterhalde. Auf dem Sträßchen in fünf langgezogenen Kehren über die steilen Wiesenhänge empor nach Oberhalde mit dem Berggasthof Zugspitzblick in aussichtsreicher Lage. Evtl. bis hierher mit Pkw. Auf dem Weg über die nun flachen Hänge schräg rechts aufwärts zum Waldrand. Nach einem ganz kurzen Stück folgt die erste Lichtung. Hier nun erst gerade, dann ein gutes Stück nach links hinüber bis in ein Tälchen. Wieder kurz im Wald, danach erreicht man den waldumsäumten Boden „Alter Hof". Genau nach Norden über den wenig ausgeprägten Rücken zwischen Baumgruppen auf den Pirschling. Kurz abwärts in einen Sattel. Im nun wieder freien Gelände über Gras aufwärts auf eine Schulter und weiter über den Grat zum Gipfel, der nach Norden steil ins Achental abfällt.

23 Einstein, 1866 m

Der „Alleinstehende" unter den Tannheimer Bergen

Tannheim — Berg — Südflanke — Südostrücken — Einstein

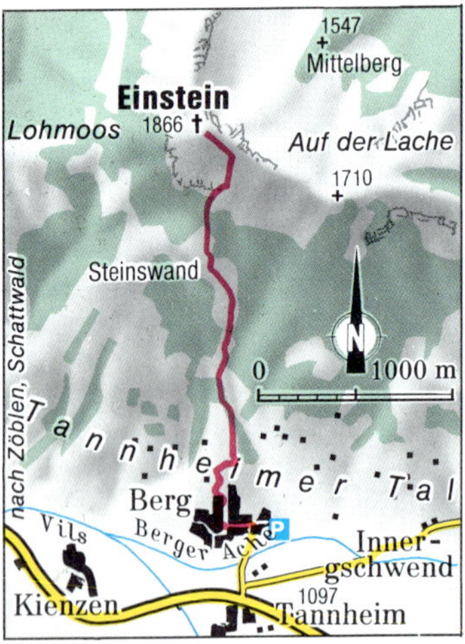

Talort: Tannheim, 1097 m, stattliches Kirchdorf und beliebter Ferienort im Zentrum des gleichnamigen Tales.
Ausgangspunkt: Berg, 1100 m, kleines Dorf, das Tannheim gegenüber auf der nördlichen Seite des Tales in sehr aussichtsreicher Lage liegt.
Parkmöglichkeiten: Begrenzte Möglichkeiten in Berg.
Gehzeit: Berg — Einstein 2 Std.
Anforderungen: Steile Bergwege, die ein wenig Trittsicherheit erfordern.
Höchster Punkt: Einstein, 1866 m.
Einkehrmöglichkeiten: Nur in Tannheim und Berg.

Der Name soll wohl auf den besonderen Charakter des Berges hinweisen. Mit „Stein" wird treffend die viereckige, teilweise von auffallenden Felsabbrüchen geprägte Form des Gipfels beschrieben. Das „Ein" deutet auf die vollkommen isolierte Lage hin. Es gibt wenige Berge, die so alleinstehend ihr Haupt in den Himmel recken. Ein so markanter Gipfel, der über dem Tannheimer und dem Engetal dominiert, lockt natürlich zu einer Besteigung, die dank des angelegten Wegleins keine ernsteren Probleme bereitet. Der Steig führt anfangs über schöne Lichtungen mit einem üppigen Blumenschmuck und zieht dann recht steil zwischen Bäumen und Latschen zum Kamm und nach links umbiegend zum Gipfel empor. Die reine Südlage sorgt für Trockenheit und Wärme im Sommer, ermöglicht aber auch eine Besteigung sehr früh oder recht spät im Jahr, denn hier schmilzt die Sonne den Schnee besonders rasch wieder weg.

Von Berg auf den Einstein: Vom Kircherl zwischen den letzten Häusern gerade empor und weiter über die Wiesen zu einem Kreuz. Anfangs auf einem breiteren Weg, dann auf einem Steig genau nach Norden zwischen Bäumen und über Lichtungen in dem meist sanften Gelände aufwärts zum eigentlichen Bergfuß. Nun über eine sehr steile Flanke, die an vielen Stellen von Latschen überzogen ist, zum Grat. Dabei muß man einige steinige

Von Westen zeigt sich der Einstein als markanter Felsberg.

Stellen überwinden. Über den kurzen, steilen Rücken zum Gipfel. Er bildet eine ganz kleine Fläche, die fast rundum in Wänden abstürzt. Hindernisloser Rundblick.

24 Tannheimer Höhenweg

Vom Füssener Jöchl zur Pfrontner Hütte

Füssener Jöchl — Sefenspitz-Westschulter — Seebenalp — Pfrontner Hütte — Lumberg — Grän

Talort: Grän, 1138 m, der höchstgelegene Ort im Tannheimer Tal am Westfuß der Tannheimer Berge gelegen; schöner Blick auf das Geißhorn.
Ausgangspunkt: Füssener Jöchl, 1818 m, dorthin mit einem Sessellift. Die Talstation liegt östlich knapp oberhalb des Ortes.
Parkmöglichkeit: Großer Parkplatz bei der Talstation.
Gehzeit: Bis zur Pfrontner Hütte 2 Std., Rückweg 1½ Std.
Anforderungen: Kleine, gut markierte Bergwege.
Höchste Punkte: Sefenspitz-Westschulter, 1900 m, Pfrontner Hütte, 1788 m.
Einkehrmöglichkeit: Pfrontner Hütte.
Sehenswertes: Felsgipfel der Tannheimer Berge.

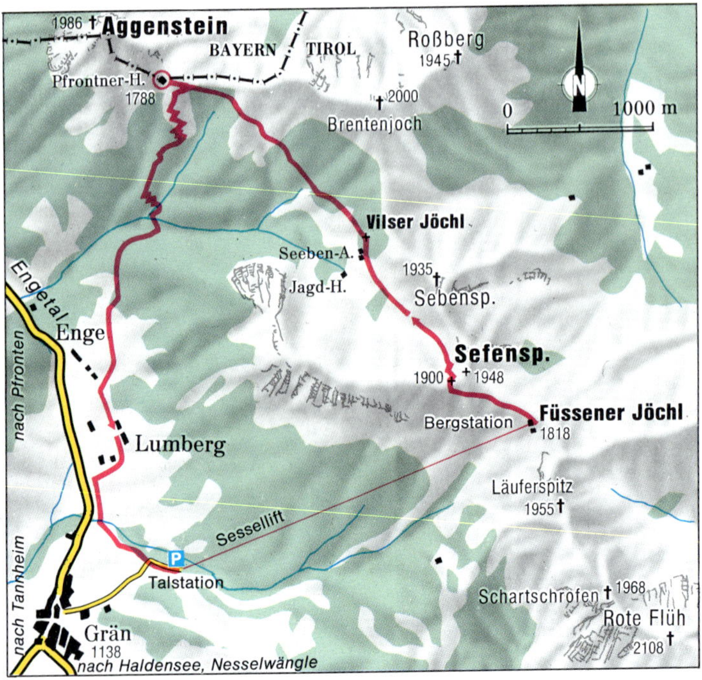

Die Pfrontner Hütte.

Diese abwechslungsreiche Höhenwanderung im nördlichen Teil der Tannheimer Berge findet immer mehr Liebhaber. Man ist in Höhen zwischen 1600 und 1900 m unterwegs und hat dabei stets einen freien Blick nach Südwesten. Die erste Zwischenstation, die Westschulter der Sefenspitze, entpuppt sich als besonders schönes Aussichtseck. Gewaltig präsentieren sich von dort aus die Hauptgipfel der Tannheimer Berge, der Gimpel, die Köllenspitze, 2238 m, und die Gehrenspitze. Nach der Schulter kommt man dann über malerische Böden mit Felsblöcken, kleinen Wiesenflecken und einem Mini-Karstbecken. Schließlich quert man — teilweise auch im Wald — zum Ziel der Tour, der Pfrontner Hütte, hinüber. Der Konditionsstarke wird nun von dort aus noch den Aggenstein besteigen.

Tannheimer Höhenweg: Vom Füssener Jöchl auf dem anfangs recht breiten Weg nach Norden, dann etwas nach links und auf die Westschulter der Sefenspitze. Drüben abwärts, wobei sich der Weg stets an die rechtsseitigen Hänge hält. An der Seebenalp vorbei zum tiefsten Punkt des Höhenweges, 1620 m, und allmählich wieder aufwärts quer durch die Hänge zur Pfrontner Hütte in schöner Aussichtslage. Zum Aggenstein siehe Tour 18.

Abstieg und Rückweg: Auf dem guten Hüttenweg nach Süden rasch abwärts, dann quer durch die Hänge zu den ersten Häusern von Enge. Nun am besten über Lumberg und Neugrän zurück nach Grän bzw. zur Lift-Talstation.

25 Läuferspitze, 1956 m, Schartschrofen, 1968 m

Spritztouren in den Tannheimer Bergen

Füssener Jöchl — Läuferspitze — Hallergernjoch — Schartschrofen — Füssener Jöchl

Talort: Grän, 1138 m, der höchstgelegene Ort im Tannheimer Tal, am Westfuß der Tannheimer Berge gelegen; schöner Blick auf das Geißhorn.
Ausgangspunkt: Füssener Jöchl, 1818 m, dorthin mit Sessellift. Die Talstation liegt östlich knapp oberhalb des Ortes.
Parkmöglichkeit: Großer Parkplatz bei der Talstation.
Gehzeiten: Zur Läuferspitze ½ Std., Schartschrofen 1 Std.
Anforderungen: Der Anstieg auf den Schartschrofen erfolgt auf Bergwegen ohne alle Schwierigkeiten; an der Läuferspitze jedoch steiler Steig, im Gipfelbereich kleine Felsstufe mit gutem Drahtseil.
Höchste Punkte: Läuferspitze, 1956 m, Schartschrofen, 1968 m.
Einkehrmöglichkeit: Jausenstation im Füssener Jöchl.
Sehenswertes: Blick auf die Tannheimer Kletterberge.

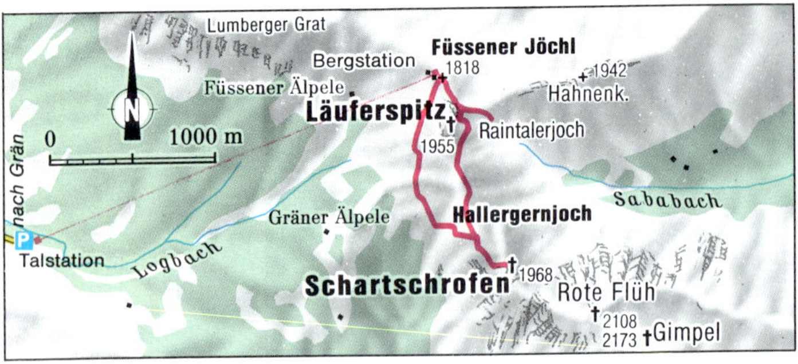

Ein sehr langgestreckter Sessellift bringt den Gipfelhungrigen von Grän im Tannheimer Tal hinauf zum Füssener Jöchl in 1818 m Höhe. Von dort oben lassen sich nicht weniger als acht Berge besteigen. Wir wollen an dieser Stelle zwei der „schnellen" Ziele vorstellen. Dabei erfordert die Läuferspitze, die gleich über der Bergstation aufragt, mit ihren gut gesicherten Felspassagen einige Geschicklichkeit. Dem nächsten Gipfel im Süden hingegen, den Schartschrofen, kann man ohne Schwierigkeiten aufs kreuzgeschmückte Haupt steigen. Imposant ist von dort aus der Blick auf die nahen Kletterberge der Tannheimer, den Gimpel, 2176 m, und die Rote Flüh. Zu ihr zieht vom Schartschrofen ein Klettersteig hinüber, der im ersten Abschnitt recht steil und ausgesetzt ist.

Das Füssener Jöchl, rechts die Hänge zur Läuferspitze.

Zur Läuferspitze: Direkt von der Bergstation über den Kamm an die Läuferspitze heran und rechts, teilweise ziemlich steil, zum Hauptkamm hinauf. Über eine interessante Felsstelle zum Gipfelkreuz.

Zum Schartschrofen: Vom Füssener Jöchl quer hinüber zum nahen Raintalerjoch und unter der Läuferspitze (man kann sie auch überschreiten) hindurch zu einem Kammsattel. Meist zwischen Latschen westlich am Hallerschrofen vorbei und über den Kamm hinab ins Hallergernjoch. Von dort über kurze Hänge und kleine Böden und einen letzten Aufschwung zum Gipfel. Beim Rückweg kann man zur Abwechslung vom Hallergernjoch aus die Läuferspitze westlich umgehen und so zum Füssener Jöchl zurückkehren.

26 Gimpelhaus und Nesselwängler Scharte

Zwei Rundtouren unter der Köllenspitze

Nesselwängle — Gimpelhaus — Tannheimer Hütte — Nesselwängle oder Weiterweg zur Nesselwängler Scharte

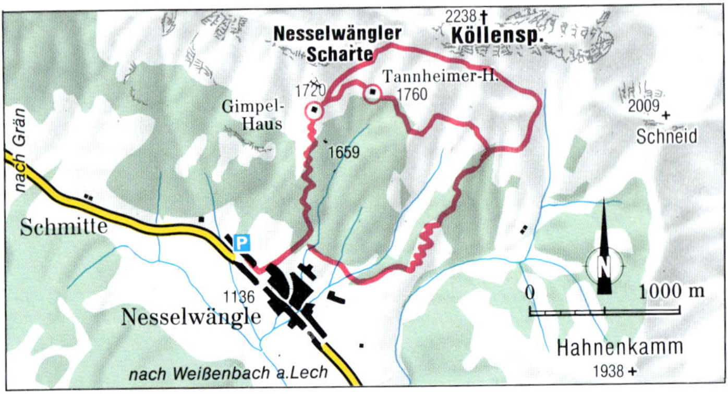

Talort: Nesselwängle, 1136 m, Ferienort am Südfuß der Tannheimer Hauptgipfel in einem sonnigen Wiesental.
Parkmöglichkeiten: Schlecht geregelt, im Ort kaum Parkplätze, günstig nur an den beiden Liftstationen, die jedoch allzu weit vom Wegbeginn entfernt sind.
Gehzeiten: Nesselwängle — Gimpelhaus 1 Std. 20 Min., Weiterweg zur Scharte 1 Std.
Anforderungen: Sehr stark ausgetretene Wege, bei Trockenheit einfach, bei Nässe unangenehm rutschig; hier wären Wegverbesserungen dringend notwendig! Zur Scharte geht es steiler und steiniger hinauf.
Höchster Punkt: Nesselwängler Scharte, 2007 m
Einkehrmöglichkeiten: Gimpelhaus (privat), Tannheimer Hütte (DAV, nur Kleinigkeiten erhältlich).
Sehenswertes: Scheinbar senkrechte Kletterwände an Hochwiesler und Roter Flüh.

Die Rote Flüh mit ihrer glatten Südwand, die die extremen Kletterer sehr schätzen, überragt das Tal um genau 1000 m, und doch ist der Gipfel keine zwei Kilometer entfernt. Hier streben die Hänge wirklich ungewöhnlich steil empor. Das verhilft nicht nur den Bergen zu ihrem imposanten Aussehen, das schafft auch eine ganz bestimmte Art von Touren: Die Aufstiege führen sehr rasch und direkt in die Höhe. Und so thront auch das Gimpelhaus, das beliebteste Ziel des Gebietes, scheinbar unmittelbar über Nesselwängle. Wer die entsprechende Kondition mitbringt, sollte auf jeden Fall dann noch von dort bis zur Scharte hinaufsteigen. Sie wird nämlich ganz malerisch von kleinen Türmen und gewaltigen Felsbrocken beherrscht.

Die kleinere Rundtour: Von der Kirche gerade hinauf zum Waldrand und auf dem breiten Weg meist durch Wald zum Gimpelhaus, 1720 m, eindrucksvoller Blick auf Haldensee und Rote Flüh. In einem Bogen hinüber zur kleinen Tannheimer Hütte, 1760 m, und durch die Hänge ein gutes Stück nach Osten. Von dort direkter Abstieg nach Nesselwängle.

Die große Rundtour: Vom Gimpelhaus auf dem oberen Weg in den weiten Bergkessel und über die recht steilen Hänge in die Nesselwängler Scharte, das letzte Stück durch eine malerische Felsgasse. Durch diese wieder hinab, dann unter den Wänden der Köllenspitze entlang ein Stück nach Osten. Bei der Wegverzweigung rechts und über eine Rippe in eine Grasmulde hinab. Bei der nächsten Verzweigung wieder rechts und schräg durch die Hänge hinab nach Nesselwängle.

Blick vom Gimpelhaus auf die Südwände der Roten Flüh.

27 Ponten, 2045 m

An der Grenze zum Oberallgäu

Schattwald — Stuibental — Stuibenalp — Ponten — Zirleseck — Pontental — Schattwald

Talort: Schattwald, 1080 m, Ferienort am westlichen Ende des Tannheimer Tales nahe der Landesgrenze.
Ausgangspunkt: Parkplatz des im Sommer ruhenden Wannenjochliftes. Zufahrt von der Hauptstraße, Abzweigung am nordwestlichen Ortsrand.
Parkmöglichkeit: Großer Parkplatz am Lift.

Gehzeiten: Schattwald – Ponten 2¾ Std., Übergang zum Zirleseck 30 Min.
Anforderungen: Alpine Steige ohne größere Probleme.
Höchste Punkte: Ponten, 2045 m, Zirleseck, 1872 m.
Einkehrmöglichkeit: Jausenstation Stuibenalp.

In dem Kamm, der den westlichen Zipfel des Tannheimer Tales im Süden begleitet, stehen drei wuchtige Gipfel nebeneinander, die mit Felsen und Schrofenwänden verziert sind. Alle drei gehören zu den beliebten Zielen der Bergwanderer, ja, besonders Konditionsstarke können sie sogar alle an einem Tag besteigen, führen doch Bergwege an den Graten entlang. Der

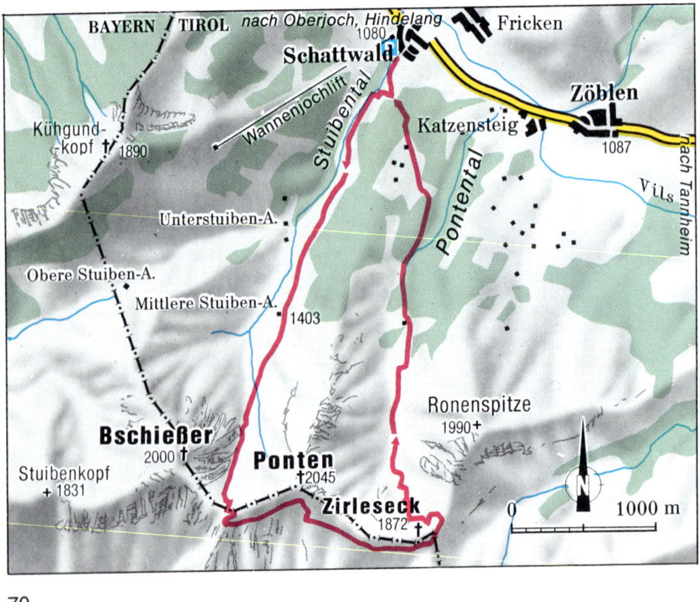

Die felsige Nordostflanke des Ponten, darunter das Pontental.

zentrale und zugleich höchste Gipfel heißt Ponten. Er bietet Routen durch zwei verschiedene Täler, die aber trotzdem den gleichen Ausgangspunkt haben. Der Ponten ist zudem das westlichste Massiv im Allgäu, das unser Führer beschreibt, deshalb öffnet sich von dort oben auch ein interessanter Blick auf die Berge des Oberallgäus. Aus den langen Ketten ragen vor allem der Hochvogel, 2592 m, und der Große Daumen heraus.

Durchs Stuibental zum Ponten: Beim Parkplatz über den Stuibenbach. Den Fahrweg zur Mittleren Stuibenalp kann man immer wieder auf dem alten Fußweg abkürzen. Von der Alp in der gleichen Richtung weiter in das Hochkar zwischen Ponten und Bschießer und zum Grat hinauf. Auf ihm noch ein gutes Stück zum Gipfelkreuz empor.

Übergang zum Zirleseck und Abstieg durchs Pontental: Vom Gipfel nach Süden hinab zu einem querlaufenden Steig. Über ihn nach links zum Grat und zum Zirleseck. Kurz Richtung Ronenspitze (1990 m, Abstecher 25 Min.), dann links hinab ins Pontenkar. Bei der Wegverzweigung links des Baches weiter und noch einmal links abbiegend zurück nach Schattwald.

28 Vilsalpsee und Bärgacht

Die gemütliche Bummeltour

Parkplatz — Westufer — Vilsalp — Bärgacht — Wasserfall — Vilsalp — Ostufer — Parkplatz

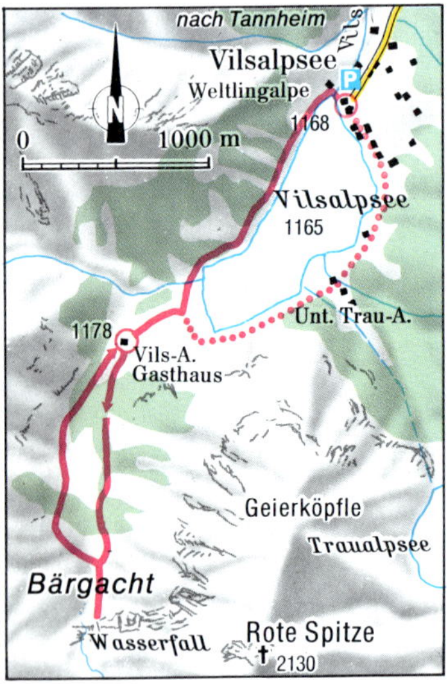

Talort: Tannheim, 1097 m, stattliches Kirchdorf und beliebter Ferienort im Zentrum des gleichnamigen Tales.
Ausgangspunkt: Vilsalpsee, 1168 m, Zufahrt auf breiter Straße, 4 km ab Tannheim.
Parkmöglichkeiten: Großer Parkplatz nördlich des Sees.
Gehzeiten: Parkplatz — Wasserfall 1¼ Std., Rückweg 1 Std.
Anforderungen: Am Vilsalpsee ganz bequeme Wanderwege, im hinteren Vilsalptal etwas holprige Bergwege.
Höchster Punkt: Bärgacht, 1300 m.
Einkehrmöglichkeiten: Verschiedene Gasthäuser beim Parkplatz, Vilsalpe (Jausenstation).
Sehenswertes: Wasserfall der Vils.

Das Ganze ist ein recht bequemer und völlig problemloser Bergspaziergang, bei dem es viel zu schauen gibt. Der immerhin 1,4 km lange Vilsalpsee zwängt sich recht malerisch zwischen die steilflankigen Berge, nur am Nord- und am Südwestufer gibt es sanfte Wiesenflächen. Auf den Uferwegen sind oft viele Menschen unterwegs, während die weitere Wanderung zum Bärgacht-Wasserfall auch heute noch zu den Geheimtips gehört. Der Hintergrund des Tales wird von einer knapp 300 m hohen Felswand abgeschlossen, über die die junge Vils in schäumenden Kaskaden herabstürzt. Selbstverständlich ist dieses Schauspiel im Frühsommer, wenn die Bäche besonders viel Wasser führen, am eindrucksvollsten. Außerdem blüht es dann auch auf den Wiesen zwischen See und Wasserfall ungewöhnlich üppig.

Der Zugang zum Wasserfall: Beim Gasthaus nach rechts über den Ausfluß des Vilsalpsees und dann auf dem ganz bequemen Fußweg am Ufer entlang nach Süden. Knapp hinter dem Ende des Sees trifft man auf einen Fahrweg, dem man zur Vilsalpe folgt. In der gleichen Richtung weiter zum Wald, der teilweise ganz auffallend von Geröllflächen durchsetzt ist. Nach etwa 20 Min. erreicht man den hinteren Waldrand, wo der große Weg endet. Längs des Baches kann man noch das Stückchen bis zum Wasserfall aufsteigen.

Rückweg: Ein gut markierter Fußpfad führt auf der anderen Seite des Bacheinschnittes, anfangs durch eine malerische Wiesen- und Blocklandschaft, wieder talaus zur Vilsalp. Evtl. von dort auf dem Fahrweg, diesmal längs des Ostufers, zurück zum Parkplatz.

Im Talschluß von Bärgacht mit dem unteren Teil des Wasserfalls.

29 Im Bereich der Landsberger Hütte

Möglichkeiten über Tannheim und Vilsalpsee

Vilsalpsee — Traualpsee — Landsberger Hütte; oder dorthin vom Neunerköpfl über die Schochenspitze

Talort: Tannheim, 1097 m.
Ausgangspunkt: Eventuell Vilsalpsee, 1168 m, 4 km ab Tannheim.
Parkmöglichkeiten: Parkplätze am Vilsalpsee und an der Talstation der Lifte.
Gehzeiten: Vilsalpsee — Hütte 1½ Std., Neunerköpfl — Schochenspitze — Hütte 2¾ Std.
Anforderungen: Steinige Bergwege, bei Nässe rutschig.
Höchste Punkte: Landsberger Hütte, 1805 m, Schochenspitze, 2069 m.
Einkehrmöglichkeiten: Gundhütte, Landsberger Hütte.
Sehenswertes: Pfarrkirche von 1725 in Tannheim.

Für den Bergkamm zwischen Neunerköpfl und Lachenspitze, die als wildes Felsdreieck über der Landsberger Hütte steht, wollen wir hier zwei recht unterschiedliche Möglichkeiten anbieten. Einsamkeit wird man auf diesen Wegen allerdings nicht antreffen. Doch, ist die Begeisterung für eine Tour nicht auch ein Gradmesser für das Schöne und Lohnende?!

Über den Traualpsee zur Landsberger Hütte: 700 m am Ostufer des Vilsalpsees entlang, dann schräg durch lichten Wald in einen ersten Talboden. Über eine hohe Stufe zum zweiten Boden mit dem erstaunlich großen Traualpsee. Über eine letzte, felsige Stufe (doch guter Weg) zu einer Geländerippe über der Lache und kurz nach rechts zur stattlichen Landsberger Hütte. Von dort aus lassen sich sechs Gipfel erreichen.

Das beliebte Ausflugsziel Landsberger Hütte und die Rote Spitze.

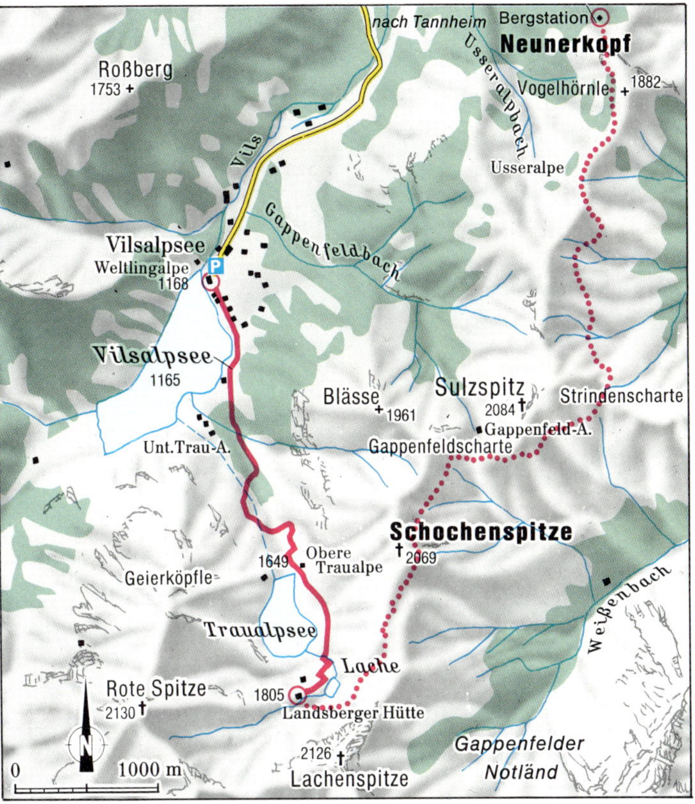

Vom Neunerköpfle zur Landsberger Hütte: Mit den Liften zur Bergstation und hinauf zum nahen Neunerköpfle. Anfangs in Gratnähe bleibend, dann quer durch die Weideflächen hinüber in die Strindenscharte. Weitere Querung unter der Sulzspitze hindurch zur Gappenfeldscharte. Nun schräg an den Hängen empor gegen die Schochenspitze, die sich im Norden mit einem Felsstreifen verteidigt. Der Steig führt durch eine Breche in dieser Mauer zur Ostschulter. Von dort in wenigen Minuten auf den kreuzgeschmückten Gipfel. Dann an der Lache vorbei hinüber zur längst sichtbaren Landsberger Hütte. Abstieg zum Vilsalpsee und mit dem Bus zurück nach Tannheim.

30 Die Sulzspitze, 2084m

Höhenweg vom Neunerköpfl

Neunerköpfl — Strindenscharte — Sulzspitze

Talort: Tannheim, 1097 m, stattliches Kirchdorf und beliebter Ferienort im Zentrum des gleichnamigen Tales.
Ausgangspunkt: Talstation der Tannheimer Sesselbahn im Osten des Ortes.
Parkmöglichkeiten: Parkplatz an der Talstation.
Gehzeit: Bergstation — Sulzspitze 1½ Std.
Anforderungen: Bergwege ohne besondere Schwierigkeiten und Gefahren.
Höchster Punkt: Sulzspitze, 2084 m.
Einkehrmöglichkeit: Grundhütte bei der Bergstation.
Sehenswertes: Pfarrkirche von 1725 in Tannheim.

Die Sulzspitze ist gewissermaßen ein Berg „für alle Fälle". Man kann zu dieser mächtigen Pyramide auch dann immer noch hinaufsteigen, wenn am Vormittag plötzlich der Nebel aufreißt, sie eignet sich für eine Tour mit der Familie oder mit der Freundin, der man einmal einen hindernislosen Blick von einem Berg zeigen will. Mit ihren 2084 m ragt die Sulzspitze nämlich so mächtig empor, daß man in alle Richtungen freie Umschau halten kann. Imposant zeigen sich die Kletterberge drüben in der Tannheimer Gruppe, im Osten thront gewaltig das Wetterstein mit der alles überragenden Zugspitze, 2962 m, während im Südwesten vor allem die Pyramide des Hochvogels ins Auge fällt.

Auf dem Grat zwischen Vogelhörnle und Sulzspitze (hinten).

Über das Neunerköpfl auf die Sulzspitze: Von der Bergstation der – teuren – Sessellifte in 1780 m Höhe über eine kleine, steile Stufe auf das Neunerköpfl, 1830 m. Dann rechts am Vogelhorn vorbei und über den Kamm in einen Sattel. Hier verläßt der Steig den Grat und quert fortan die ostseitigen Hänge. Nach einem kurzen Aufstieg erreicht man die Strindenscharte. Auf dem Fahrweg noch 10 Min. durch die Südflanke, dann auf kleinem Steig schräg durch die Steilflanke und anschließend auf üppig begrünten Hängen zum Gipfelkreuz mit Buch.

Abstiegsvariante: Auf dem Ostrücken ein Stück zurück, dann auf einem Steig durch die steile Südflanke und nach rechts in die Gappenfeldscharte. Nach Norden zur nahen Gappenfeldalp und durch das gleichnamige, von Buschwerk bewachsene Tal rasch abwärts – bei Nässe sehr schmierig – und zur Straße Vilsalpsee – Tannheim. Zu Fuß oder mit dem Bus zurück zum Ausgangspunkt.

31 Krinnenspitze, 2000 m

Der letzte Vorposten der Allgäuer Alpen

Nesselwängle — Krinnenspitze — Nesselwängler Ödenalpe — Krinnenalpe — Nesselwängle

Talort: Nesselwängle, 1136 m, malerischer Ferienort am Südfuß der Tannheimer Hauptgipfel in einem sonnigen Wiesental gelegen.
Ausgangspunkt: Bergstation des Krinnenliftes, 1544 m. Zufahrt zur Talstation vom Westende Nesselwängles auf gut ausgebauter Straße.
Parkmöglichkeiten: Großer Parkplatz am Lift.
Gehzeiten: Aufstieg 1 Std. 20 Min., der Rückweg über die Ödenalpe erfordert etwa gleiche Zeit, wenn der Abstieg über die Ostseite und Rauth erfolgt, etwa 1 Std. länger.
Anforderungen: Bergwege, bei Nässe rutschig.
Höchster Punkt: Krinnenspitze, 2000 m.
Einkehrmöglichkeit: Unterwegs Krinnenalp.

Krinnenspitze von Norden, etwa am linken Rand der Gamsbocksteig.

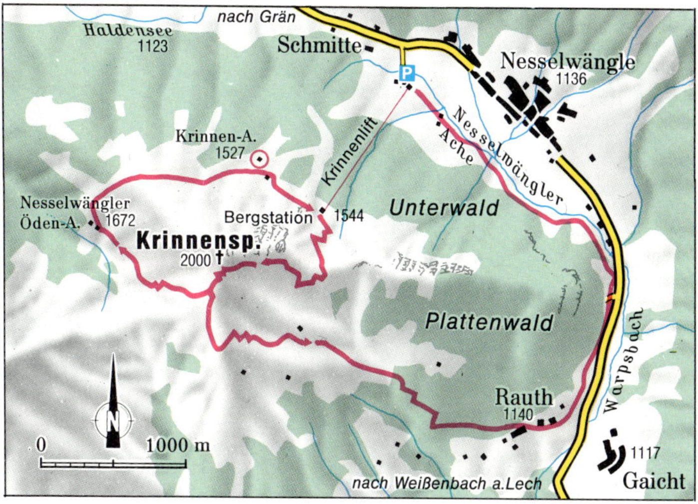

Der östlichste Gipfel der Allgäuer Alpen, die ja bis zum Lechtal reichen, gehört trotz seiner teilweise 300 m hohen Schrofenflanke eher zu den unauffälligen Bergen. Ihn zeichnen dafür andere Qualitäten aus. Wie bei allen Eckpfeilern eines Gebirges genießt man eine besonders schöne Aussicht. Der Tiefblick auf den Haldensee und in das Lechtal bei Weißenbach und die so nahen, mauerglatten Kletterwände der Roten Flüh sind dabei die Prunkstücke. Etwas Besonderes ist auch die große Zahl von Wanderwegen. Was soll man da herausgreifen und empfehlen?

Aufstieg auf dem Gamsbocksteig: Direkt oberhalb der Lift-Bergstation in Kehren durch die steile Mulde zum Ostkamm des Berges. Nun rechts über den Rücken zum Gipfelkreuz.

Abstieg über die Nesselwängler Ödenalpe: Auf dem freien Grasrücken nach Süden zur Wegverzweigung. Rechts hinab und quer durch die Hänge zur Nesselwängler Ödenalpe und um den Rücken herum wieder zurück zur Lift-Bergstation.

Abstieg nach Rauth: Von der oben erwähnten Wegverzweigung nach Osten lange Zeit über freie, steile Alpweiden ziemlich direkt hinab (unangenehm bei Nässe), schließlich durch Wald zum Minidörfchen Rauth, 1140 m. Nun entweder hinab zur Bushaltestelle an der Hauptstraße oder immer am Bergfuß entlang auf Straße und Fahrweg in etwa 50 Min. zurück zur Talstation des Liftes.

32 Vilser Kegel, 1831 m

Möglichkeiten über dem Städtchen Vils

Vils — Obweide — Hundsarschalp — Hundsarschjoch — Vilser Kegel evtl. Abstieg über Vilser Alpe

Talort: Vils, 826 m, historisches Städtchen zwischen Pfronten und Füssen auf Tiroler Boden.
Ausgangspunkt: Talstation des Skilifts, 920 m, 1,8 km südöstlich des Ortes am Bergfuß. Parkplatz.
Gehzeiten: Parkplatz — Hundsarschjoch knapp 2 Std., Weiterweg zum Gipfel gut 30 Min.
Anforderungen: Bergwege, im Gipfelbereich steiler.
Höchster Punkt: Vilser Kegel, 1831 m.
Einkehrmöglichkeit: Evtl. Vilser Alp.
Sehenswertes: Vils, altes Städtchen mit zwei Toren und zwei interessanten Kirchen.

Der Name Vilser Kegel paßt ausgezeichnet zum letzten, nordöstlichen Vorposten der Tannheimer Berge. Er ragt nicht nur unmittelbar über Vils auf, er zeigt auch wirklich — vor allem von Osten gesehen — die gleichmäßige Form eines Kegels. Ein Steigerl führt über die steilen Gras- und Latschenhänge bis zum kreuzgeschmückten Gipfel. Wer die Sache jedoch gemütlicher anpacken will, kann sich mit dem Sattel am Südfuß des Berges zufrieden geben, der den unaussprechlichen Namen Hundsarschjoch trägt. Noch ein paar Anmerkungen zum Ausgangsort Vils: Dieses „zweitkleinste Städtchen Tirols“, die Stadtrechte wurden schon 1327 verliehen, und die ehemalige Burg Vilsegg können auf eine lange Geschichte zurückschauen. Die noch stattlichen Ruinen der Burg findet man auf der anderen Seite der Vils am Fuß des Angerbergs.

Hundsarschjoch und Vilser Kegel: Anfangs auf einem Sträßchen, dann auf einem Fußweg rasch im Hundsarschtal empor zur gleichnamigen Alp und über schöne Böden ins Hundsarschjoch, 1600 m. Von dort steil zwischen Latschen und über freie Flächen zum aussichtsreichen Gipfel. Rückweg entweder auf der gleichen Route oder vom Joch nach Westen zum Berggasthaus Vilser Alp. Von dort auf einem Ziehweg erst über Wiesen, später in dichtem Wald (am Alpstrudelfall vorbei) zum großen, häßlichen Steinbruch und zurück nach Vils.

Der Alpstrudelfall am Weg zwischen Vils und Vilser Alpe.

33 Südliche Tannheimer Berge

Rund um die Reuttener Bergbahn

Höfen — Reuttener Bergbahn — Hahnenkamm — Gaichtspitze oder Alpenrosenweg — Gehrenjoch — Schneid

Talort: Höfen, 868 m, Ferienort südwestlich von Reutte im Lechtal.
Ausgangspunkt: Talstation (923 m) der Reuttener Bergbahn nördlich etwas oberhalb von Höfen.
Parkmöglichkeiten: Großer Parkplatz an der Bergbahn.
Gehzeiten: Bergbahn — Hahnenkamm — Gaichtspitze 1½ Std.; Bergbahn — Gehrenjoch — Schneid 1½ Std.
Anforderungen: Meist breite Bergwege, an der Gaichtspitze eine etwas schrofige Stelle, die letzten Meter auf den Gipfel führen über einen etwas schmäleren Grat mit steilen Flanken.
Höchste Punkte: Hahnenkamm, 1938 m, Gaichtspitze, 1986 m, Schneid, 2009 m.
Einkehrmöglichkeit: Restaurant an der Bergstation.

Es ist kein Zufall, daß ausgerechnet auf dem Hahnenkamm ein Funkturm steht. Von dort oben genießt man wirklich einen ungewöhnlichen Blick und zwar nach Westen ins Tannheimer Tal mit Nesselwängle und Haldensee und nach Osten ins Lechtal mit dem weitgestreckten Kessel von Reutte. Ei-

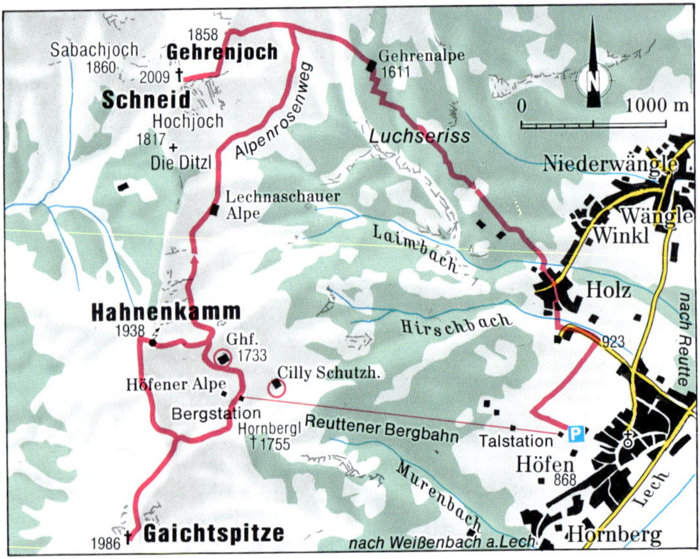

Der Haldensee im Tannheimer Tal und die Gaichtspitze.

ne Seilbahn trägt den Besucher ganz bequem bis in eine Höhe von 1733 m, und er kann nun zwischen einem Spaziergang zum nahen Hahnenkamm, einer kleinen Bergtour auf die Gaichtspitze mit ihrem freien Blick nach Süden oder einer etwas längeren Wanderung zum Gehrenjoch und zur Schneid wählen, die direkt vor den felsigen Kletterbergen der Tannheimer steht. Und ganz Fleißige erstürmen gleich mehrere der Gipfel an einem Tag.

Hahnenkamm und Gaichtspitze: Von der Bergstation auf bequemem Weg ziemlich gerade hinauf zum Hahnenkamm. Dann immer in Gratnähe an die Gaichtspitze heran. Den Steilaufschwung ersteigt man links in der Flanke durch eine kurze Schrofenrinne zur erstaunlich weiten Gipfelfläche. Beim Rückweg kann man vom Grat direkt zur Bahn absteigen.

Alpenrosenweg und Schneid: Von der Bergstation auf dem breiten Alpenrosenweg um den Ostrücken des Hahnenkamms zur Lechaschauer Alpe und weiterhin quer durch die Hänge bis unter die mächtige Gehrenspitze. Hier nun links empor ins Gehrenjoch, 1858 m. Immer dem Grasgrat folgend, der nur am Schluß etwas schmäler wird, zum Gipfel der Schneid. Nun entweder zurück zur Bergstation der Bahn oder Abstieg über Gehrenalpe und Luchseriß nach Holz und zur Talstation (zeitlich nicht wesentlich länger).

34 Säulinghaus und Säuling, 2048 m

Zum Wahrzeichen des Ostallgäus

Pflach — Parkplatz — Säulinghaus — evtl. Weiterweg zum Säulinggipfel

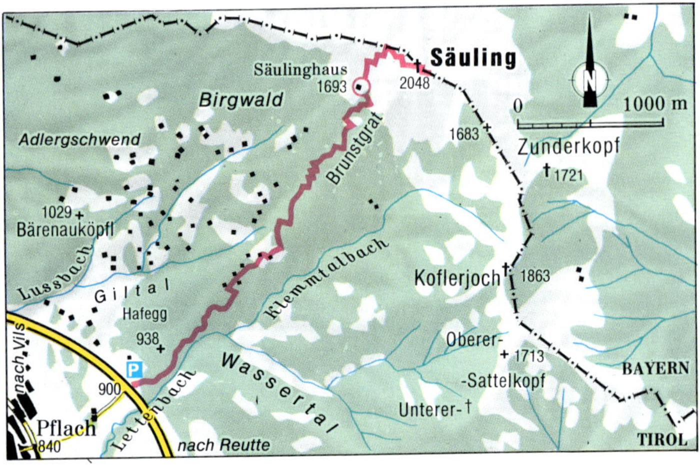

Talort: Pflach, 840 m, kleiner Ferienort 3 km nördlich von Reutte im hier breiten Lechtal.
Ausgangspunkt: Bei dem Schild „Säulinghaus" von der Hauptstraße ab und noch mit dem Pkw nach Nordosten über die Wiesen zum großen Parkplatz am Waldrand (900 m).
Gehzeiten: Parkplatz — Hütte 2¼ Std., Weiterweg zum Gipfel 1 Std.

Anforderungen: Bis zur Hütte steinige Bergpfade, doch ohne Schwierigkeiten; der Weiterweg zum Gipfel führt durch eine Schrofenflanke, Trittsicherheit unbedingt notwendig, einige Drahtseilsicherungen.
Höchste Punkte: Säulinghaus, 1693 m, Säuling, 2048 m.
Einkehrmöglichkeit: Säulinghaus, eine Hütte der Naturfreunde.

Das Säulinghaus thront auf dem äußeren Rand eines malerischen Minibodens, der mit alten, knorrigen Bäumen und Felsblöcken verziert ist und über dem die glatten, hellen Kalkfelsen des Säulings noch gewaltig in den Himmel ragen. Der Blick nach Süden und Westen, vor allem auf die Felszinnen der Tannheimer Berge, und steil hinab ins Lechtal, begeistert. Den Starken und Geschickten wird natürlich ein Weiteraufstieg zum Säulinggipfel locken, zu diesem ungewöhnlich markanten Berg, der das Ostallgäu ebenso wie das unterste Lechtal beherrscht. Wahrlich eine stolze Zinne für den Könner!

Säuling (rechts) und Pilgerschrofen von Südwesten gesehen.

Normalweg zum Säulinghaus: Vom Parkplatz einige Minuten auf der Forststraße zur Abzweigung des Fußweges. Der stark ausgetretene Steig führt meist durch Wald rasch aufwärts. Markierungen und Wegweiser ermöglichen ein müheloses Zurechtfinden bis zum Säulinghaus.

Weiterweg zum Säuling: Auf dem deutlichen Steig etwas nach links zum Fuß der Steilflanke. Nun erst gerade, dann schräg nach rechts durch die versicherten Schrofen aufwärts. Schließlich über Steilgras auf den hier breiten Kamm. Rechts über Gras und ein paar Felsen zum Gipfelgrat, rechts das Gipfelkreuz, links der höchste Punkt.

35 Koflerjoch, 1863 m

Unscheinbarer Aussichtsberg über Reutte

Urisee — Hochries — Dürrebergalpe — Oberer Sattelkopf — Koflerjoch — evtl. Abstieg über Pflacher Älpele

Talort: Reutte, 853 m, Bezirkshauptort und Zentrum des unteren Lechtals.
Ausgangspunkt: Von Reutte nach Mühl und auf breiter Straße empor zum Hotel Urisee, 914 m, Bademöglichkeit.
Parkmöglichkeit: Beim Hotel.
Gehzeiten: Urisee — Dürrebergalpe 1½ Std., von dort zum Gipfel 1¼ Std.
Anforderungen: Bis zur Dürrebergalpe bequeme Bergwege, dann etwas kleinere, aber völlig problemlose Steige.
Höchster Punkt: Koflerjoch, 1863 m.
Einkehrmöglichkeiten: Hotel Uri, Jausenstation Dürrebergalpe.

Das Koflerjoch, auf bayrischer Seite wird es auch Dürrnberg genannt, ist der erste Gipfel südöstlich des Säulings. Neben dieser imponierenden Felspyramide fällt unser heutiges, immerhin 1863 m hohes Ziel überhaupt nicht ins Auge. Das liegt an der so wenig markanten Form und dem dicken, dunkelgrünen Pelz aus Fichtenwäldern und Latschenfeldern. Trotzdem macht die problemlose Besteigung viel Spaß, das Gelände ist recht abwechslungsreich, der schüttere Wald und die vielen Lichtungen bieten zahlreiche Ausblicke auf das Becken von Reutte mit den mächtigen Gipfeln rundum. Dabei beeindrucken vor allem die Tannheimer Berge und natürlich der so nahe Säuling, der jedoch erst oben am Kreuz ins Blickfeld kommt.

Vom Urisee über die Dürrebergalpe zum Gipfel: Vom Hotel direkt nach Norden auf der Forststraße zur Verzweigung. 200 m auf der rechten Straße weiter, dann links im lichten Wald auf bequemem Fußsteig zu dem kleinen Boden der Hochries. Weiter durch stark gegliederten Wald zu den freien Matten der Dürrebergalpe. Vom rechten oberen Eck der freien Hänge zwi-

Das Koflerjoch über dem Talbecken von Reutte im ersten Morgenlicht.

schen den Bäumen noch kurz aufwärts, dann quer durch den Osthang des Unteren Sattelbergs in das folgende Joch. Über den Oberen Sattelberg, 1713 m, bis knapp vor den Hauptkamm. Links durch die Hänge, dann zwischen den letzten kleinen Fichten über den kräftig steigenden Grat zum Gipfel mit Kreuz und Buch.

Abstieg über das Pflacher Älpele: Alternative für den Abstieg, etwa 1 Std. weiter. Vom Gipfel über den Kamm in den Sattel vor dem Säuling, dann nach Westen hinab bis vor das Pflacher Älpele. Von dort sehr lange Querung der meist bewaldeten Hänge zur Dürrebergalpe.

36 Zwieselberg, 1823 m

Breites Massiv über dem Plansee

Hotel Seespitze — Hölltalboden — Schelleleskopf — evtl. Weiterweg über den Zwieselberg und den Altenbergweg zum Hotel Forelle

Talort: Reutte, 853 m, Bezirkshauptort und Zentrum des unteren Lechtals.
Ausgangspunkt: Hotel Seespitz am Plansee-Nordwesteck, gute Zufahrtsstraße von Reutte.
Parkmöglichkeit: Unmittelbar hinter (östlich) dem Hotel an der Straße.
Gehzeiten: Zum Hölltalboden 1¼ Std., zum Hauptgrat 2 Std., zum Zwieselberg 2½ Std., Abstieg über Altenbergweg zum Hotel Forelle 1½ Std.
Anforderungen: Kleiner, steiler, aber ordentlicher Steig zum Grat.
Höchster Punkt: Zwieselberg, 1823 m.
Einkehrmöglichkeit: Nur am Plansee.
Sehenswertes: Tiefblick auf den Plansee; an der Straße nach Reutte der Stuibenfall.

Das Nordufer des Plansees wird von einem langgestreckten, sehr zerklüfteten, im oberen Teil stark von Latschen überzogenen Kamm, dem Zwieselberg, gebildet. Seine steilen Südhänge sind wasserarm und deshalb nur

Blick vom Hölltalboden oberhalb des Plansees auf die Zugspitze.

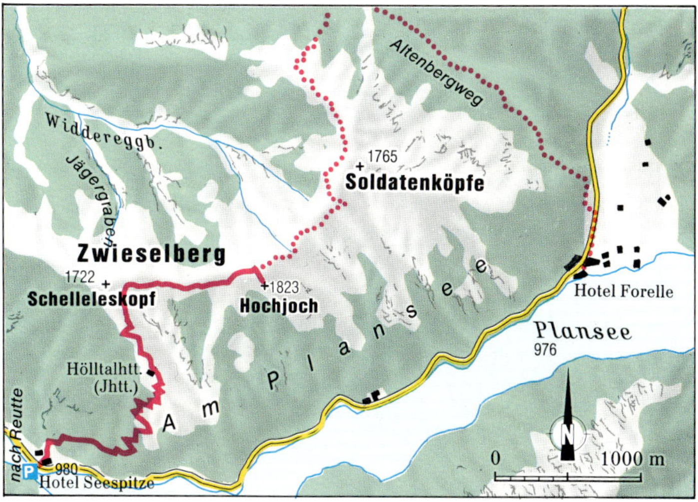

schütter bewaldet. Das macht den Aufstieg vom Hotel Seespitze zu einer richtigen Schau- und Aussichtswanderung. Dabei ist der Tiefblick auf die weitgestreckte Wasserfläche des Plansees das Eindrucksvollste. Wir bieten hier drei Alternativen von einer ganz gemütlichen Bummelei bis hin zur strammen Eintagestour an.

Das ganz nahe Ziel — Hölltalboden: Vom Oberende des Campingplatzes beim Hotel Seespitz auf einem Steig kurz aufwärts, dann ein gutes Stück nach rechts. Wegverzweigung. Nun in vielen Kehren durch den lichten Wald zum Hölltalboden, einer sehr schönen, großen Lichtung.

Schelleleskopf und Zwieselberg: Vom Hölltalboden in interessantem Gelände rasch empor zum Kamm beim Schelleleskopf, der jedoch keinen ganz freien Blick bietet. Der Hauptgipfel, der Zwieselberg oder Hochjoch, ist ganz von Latschen überzogen; es gibt keinen Weg, man kann ihn jedoch genau von Norden durch Latschengassen besteigen.

Die große Rundtour: Wie oben zum Schelleleskopf und dem kleinen Weg folgend erst südlich des Grates, dann quer durch die Nordflanke des Zwieselbergs (Hochjoch) zum Sattel vor den Soldatenköpfen. An ihnen links vorbei zu kleinen Wiesenböden. Dann steil nach Norden hinab zum Altenbergweg. Nach rechts ins Tal und kurzzeitig längs der Straße, bis man den Plansee beim Hotel Forelle erreicht (zum Hotel Seespitz Bus- und Schiffsverkehr).

37 Tauern (Nordgipfel), 1811 m

Der „Alleinstehende“ über Plansee und Reutte

Ölhütte — Nordhänge — Zunterkopf — Nordgipfel

Talort: Reutte, 853 m, Bezirkshauptort und Zentrum des unteren Lechtals.
Ausgangspunkt: „Ölhütte“, 1020 m, höchste Stelle der Straße von Reutte zum Plansee.
Parkmöglichkeit: Kleiner Parkplatz an der Straße.
Gehzeit: 2 Std.

Anforderungen: Kleine, steile Bergwege.
Höchster Punkt: Tauern(Nordgipfel), 1811 m.
Einkehrmöglichkeit: Keine.
Sehenswertes: Stuibenfälle knapp unterhalb des Parkplatzes, Plansee, ein fjordartiger Bergsee.

Üblicherweise gehört jeder Gipfel zu einem mehr oder weniger langen Kamm, ein Berg steht dort neben oder hinter dem anderen. Nicht so beim Tauern! Er ragt vollkommen isoliert zwischen reutte und dem Plansee auf, zeigt sich als echter „Einzelgänger“. Zudem gebärdet er sich als recht abweisender Geselle. Auf allen Seiten stürzt er mit schrofendurchsetzten Steilhängen ab, tief eingefressene, in Geröll ertrinkende Rinnen und im oberen Teil ein undurchdringliches Latschendickicht machen ihn zu einer kaum zu bezwingenden Festung. Nur auf der Nordseite gibt es ein Steiglein, das dem stillen bergwanderer einen Durchschlupf gewährt. Und der Aufstieg lohnt sich bei dieser so freistehenden Aussichtswarte allemal. Das Talbecken von Reutte erscheint von dort oben wie auf einer Reliefkarte.

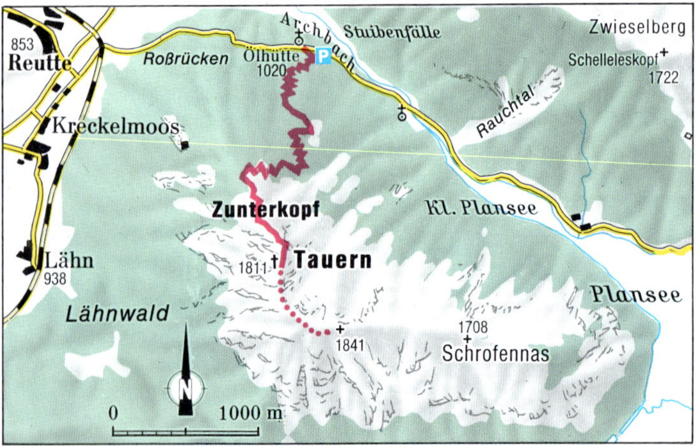

Die mit Schrofen durchsetzte Südflanke des Tauern.

Zum Tauern: Von der Straße in zahlreichen kleinen Serpentinen durch den Hochwald rasch aufwärts, dann rechts hinüber zu dem hier noch sehr breiten Nordrücken. Der Wald geht allmählich in Latschenflächen über und der Grat prägt sich immer stärker aus. Über einen ganz kleinen Vorgipfel hinweg mit dem Namen Zunterkopf (Zunter ist die ortsübliche Bezeichnung für Latsche) zum Nordgipfel.
Der Übergang zum wenig höheren Südgipfel, 1841 m, würde etwa 30 Min. beanspruchen, es gibt ein ganz kleines Steiglein und einige leichte Kletterstellen.

38 Plansee und Heiterwanger See

Bequeme Wanderwege am Tiroler Fjord

Hotel Forelle — Seewinkel — Südufer — Kanalbrücke — Heiterwanger See — Fischer am See

Talort: Heiterwang, 994 m, auf einer weiten Wiesenfläche am Fuße des Thanellers gelegen.
Ausgangspunkt: Hotel Forelle am Nordostende des Plansee. Aus dem Dorf Heiterwang 1,5 km hinüber zum Fischer am See, einem Hotel am Heiterwanger See, und von dort mit dem Linien-Motorboot zum Ausgangspunkt.
Parkmöglichkeit: Kurz vor dem Fischer am See.
Gehzeit: 2½ Std.
Anforderungen: Bequeme, fast ebene Wanderwege.
Einkehrmöglichkeiten: Hotel Forelle, Hotel Fischer am See.
Sehenswertes: Einsamer, fjordartiger Hochgebirgssee.

Der Plansee drüben in Tirol bildet das absolute Gegenstück zu den Wiesen- und Moorseen des Ostallgäus. Wie ein Fjord schmiegt er sich zwischen die steilen, meist bewaldeten Berglehnen und füllt dabei das Tal in seiner ganzen Breite. Hohe Gipfel wie der Thaneller spiegeln sich im Wasser. Mit einer Länge von 5,2 km und einer Tiefe von 77 m gehört er zu den großen natürlichen Seen im Inneren der Alpen. Und das wirklich Ungewöhnliche: nur an drei Stellen stehen einige wenige Häuser am Ufer, sonst ist er vollkommen unberührt. Auf der Nordseite führt eine Straße am Wasser entlang, am Südufer gibt es nur einen Fußweg, der eine wunderbar stille und genußreiche Wanderung ermöglicht.

Vom Hotel Forelle zum Fischer am See: Auf der Straße zum Ostzipfel des Plansees, dann immer längs des gewundenen Südufers teilweise im Wald bis zum Südwesteck des Sees und über einen kleinen Boden zur Kanalbrücke. Über sie, dann am Nordufer des Heiterwanger Sees entlang zum Fischer am See.

Am Westufer des Heiterwanger Sees, dahinter das Lichtbrenntjoch.

39 Roter Stein, 2366 m

Blumen- und Aussichtsberg über Berwang

Berwang — Gröben — Älpele — Roter Stein

Talort: Berwang, 1342 m, beliebter Ferien- und Skiort in einer weiten Paßlandschaft zwischen Thaneller und Rotem Stein, breite Zufahrtsstraße von Osten.
Ausgangspunkt: Ortsteil Gröben an der Ausmündung des Älpelestales, zu dem eine kurze Stichstraße vom unteren Teil Berwangs führt.
Parkmöglichkeiten: In Gröben sehr beschränkt, deshalb besser schon am Ortsrand von Berwang parken.
Gehzeit: Gröben — Roter Stein 2¾ Std.
Anforderungen: Gute Bergpfade, bei Nässe im ersten Teil jedoch schmierig.
Höchster Punkt: Roter Stein, 2366 m.
Einkehrmöglichkeit: Nur in den Talorten.

Berwang gegen die Südflanke des Thaneller.

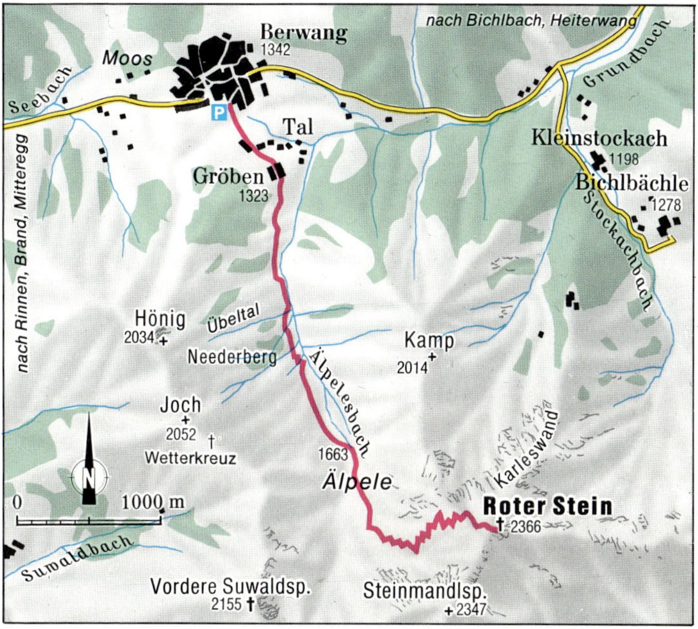

Bei einer Frühsommertour von Berwang zum Roten Stein gibt es viel zu bestaunen. Die äußerst steilen, bis zu 600 m hohen Graspleisen im Älpelestal, durch das der erste Wegabschnitt führt, bilden einen „idealen" Untergrund für Lawinen. Noch jetzt ist der Schnee im Bachbett hoch aufgetürmt. Dann erreicht man den kleinen Boden des Älpele. Hier grünt und blüht es auf den feuchten Matten in unerwarteter Pracht, bieten doch die sogenannten Grasberge die allerbesten Nährböden. Beim Weiterweg wird das Gelände immer trockener, steiniger und alpiner, dafür weitet sich der Blick mehr und mehr, gehört der Rote Stein doch zu den mächtigen Gipfeln der nördlichen Lechtaler Alpen.

Der Normalanstieg zum Roten Stein: Auf dem Hauptweg zwischen den Häusern von Gröben hindurch nach Süden und immer ein gutes Stück oberhalb des sehr scharf eingeschnittenen Baches quer durch die Steilhänge talein zum kleinen Kessel des Älpele. Ein Stück noch gerade weiter, dann allmählich nach links über recht steile Hänge in vielen Kehren aufwärts zum obersten Nordwestkamm und über ihn zum Gipfelkreuz.

40 Tarrentonboden, 1500 m

Almwiesen am Fuß der Heiterwand

Mitteregg — Rotlechtal — Althütte — Mittelboden — Schwarzboden — Hintere Tarrentonalp

Talort: Berwang, 1342 m, beliebter Ferien- und Skiort in einer weiten Paßlandschaft zwischen Thaneller und Rotem Stein, breite Zufahrtsstraße von Osten.
Ausgangspunkt: Bergdorf Mitteregg, 1349 m, an die steilen Hänge geschmiegter Weiler, gut 100 m über dem hier scharf eingeschnittenen Rotlechtal. Gute Bergstraße von Berwang über Rinnen und Brand.
Parkmöglichkeiten: Beschränkte Möglichkeiten im Dorf.
Gehzeit: Etwa 2¼ Std.
Anforderungen: Bergpfade.
Höchster Punkt: Tarrentonalp, 1519 m.
Einkehrmöglichkeit: Gasthaus in Mitteregg.

Das Bergdörfchen Mitteregg im mittleren Rotlechtal.

Die Heiterwand ist eine durchgehende Felsmauer von sieben Kilometer Breite mit Wänden bis zu achthundert Meter Höhe. Die großen Geröllhalden unter den Felsen, die bis tief in den Sommer hinein schneegefüllten Steilrinnen, der zerborstene, graue Kalk, die gezackten Grate — all das macht einen so herben und abweisenden Eindruck, daß die Bergsteiger hier nur selten Gäste sind. So werden diese Gipfel mehr bestaunt als bestiegen, zumal die ebenen Mattenböden von Tarrenton einen malerischen Kontrast dazu bilden. Es ist eine interessante, stille Wanderung vom Bergdörfchen Mitteregg durch das schmale, noch vollkommen urtümliche obere Rotlechtal zur Tarrentonalp. Und das Erstaunliche dabei: Das Tal steigt bei einer Entfernung von sieben Kilometern nur um ganze dreihundert Meter.

Durchs Rotlechtal: Kurz hinter dem Kircherl in Mitteregg auf einem Fußweg steil hinab ins Tal und erst über den Suwaldbach, gleich darauf über den Rotlech. Drüben über eine kurze Stufe empor. Der Weg bleibt auch weiterhin in den Hängen westlich oberhalb des hier schluchtartigen Tales. An der Althütte vorbei talein. Später wird das Bachbett etwas breiter und flacher und bildet zwei Böden. Schließlich erreicht man die langgestreckten Wiesen der Tarrentonalp mit großartigem Blick auf die Nordabstürze der Heiterwand.

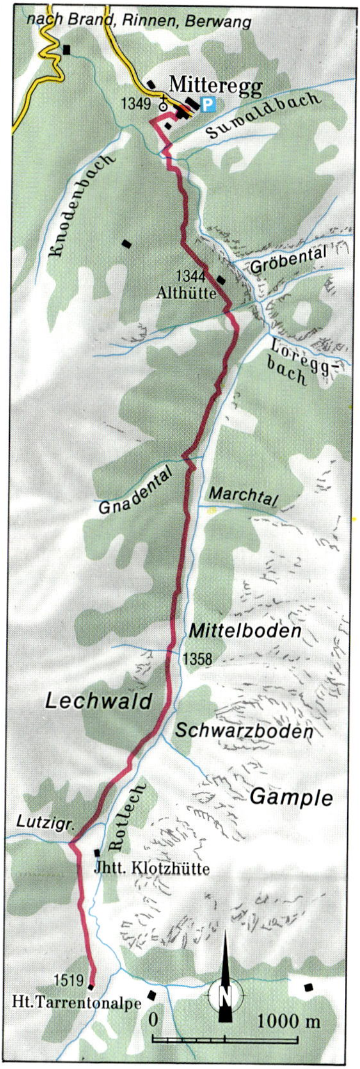

41 Raazalpe und Galtjoch, 2109 m

Hochwald und weite Almwiesen hoch über dem Rotlech

Rinnen — Rauth — Raazalpe — Lechschrofen — evtl. Weiterweg zur Abendspitze und zum Galtjoch

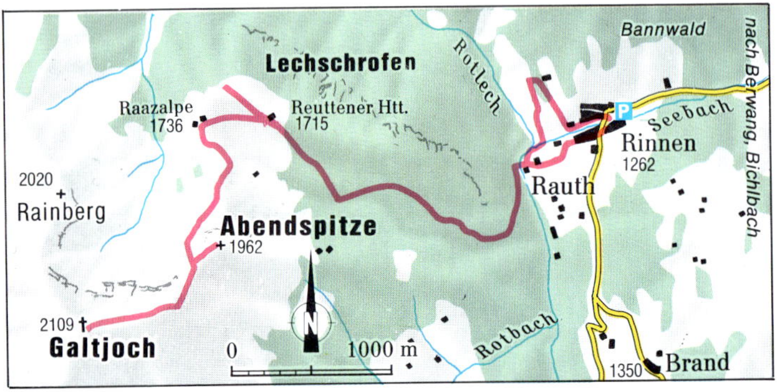

Talort: Rinnen, 1262 m, kleines Bergdorf westlich von Berwang (siehe Tour 39), breite Straße zwischen beiden Orten.
Parkmöglichkeit: Am Ortsrand.
Gehzeiten: Rinnen — Raazalpe 2¼ Std., Raazalpe — Abendspitze 40 Min., Raazalpe — Galtjoch 1¼ Std., Gegenanstieg beim Rückweg Rauth — Rinnen 20 Min.

Anforderungen: Gute Bergwanderwege.
Höchste Punkte: Raazalpe, 1736 m, Kopf über dem Lechschrofen, 1750 m, evtl. Abendspitze, 1962 m, und Galtjoch, 2109 m.
Einkehrmöglichkeiten: Nur im Bergdorf Rinnen.
Sehenswertes: Rotlechfall unmittelbar nördlich von Rauth.

An den Bergdörfchen Rinnen, Brand und Mitteregg, die hinter Berwang im Rotlechtal liegen, wird die Entwicklung des Fremdenverkehrs in den letzten zwanzig Jahren so richtig deutlich. Diese damals noch völlig unberührten Bauerndörfer gehören heute zu den regelrechten Ausflugszielen, sie bieten Gasthäuser, Pensionen, Lifte, markierte Wanderwege und gute Zufahrtsstraßen. Und so kann man auch unseren Ausflug zur Raazalpe nicht mehr zu den Geheimtips rechnen. Ein Weg führt aus dem Boden des Rotlechtals durch viel Hochwald zu den unerwartet weiten und sanften Alpweiden. Dem Gipfelstürmer bieten sich von dort oben zwei Ziele, die Abendspitze, 1962 m, und das Galtjoch, 2109 m.

Zugang zur Raazalpe: Von Rinnen entweder rechts des Baches auf dem Fahrsträßchen oder links von ihm auf einem Steiglein in den Wiesen hinab

Rechts die Matten der Raatsalpe, links Abendspitze und Galtjoch.

nach Rauth. Bei der Mühle über den Rotlech und in einem nach Süden ausholenden Bogen meist durch Wald empor, der nach oben zu immer flacher wird und schließlich in die weiten Wiesenböden der Raazalpe übergeht. Es lohnt sich, den höchsten Wiesenkopf zu ersteigen, der auf der anderen Seite mit den Lechschrofen steil abfällt; schönerer Rundblick.

Weiterweg zu den Gipfeln: Auf dem Steig rechts unter den Felsabbrüchen der Abendspitze schräg empor in den Sattel hinter ihr. Nun entweder links über den Grat zur ganz nahen Abendspitze oder rechts über den breiten Grasrücken zum wesentlich mächtigeren Galtjoch empor.

42 Aussichtsloge Kanzberg

Über dem sehr einsamen Hornbachtal

Hinterhornbach — Gufelbrücke — Bretterhof — Kanzberg — evtl. Weiterweg zur Jochspitze

Talort: Hinterhornbach, 1104 m, kleines Bergdorf in einem tief eingeschnittenen Nebenast des Lechtals.
Parkmöglichkeit: Am besten kurz vor oder hinter der Brücke über den Jochbach (Gufelbrücke).
Gehzeiten: Hinterhornbach — Kanzberg 2½ Std., Weiterweg zur Jochspitze 1 Std.

Anforderungen: Kleine Steige, doch ohne Probleme, nur an der Jochspitze eine etwas steilere Stelle südlich des Grates.
Höchste Punkte Kanzberg, 2009 m, evtl. Jochspitze, 2232 m.
Einkehrmöglichkeiten: Nur in Hinterhornbach.
Sehenswertes: Schlucht bei der Gufelbrücke.

Kanzberg — diesen Namen haben Sie bestimmt noch nie gehört. Läge dieser abgerundete Gratkopf in einem beliebten Feriengebiet, dann wäre er berühmt als Aussichtskanzel. Der Rundblick verdient nämlich wirklich drei Sterne. Im Norden ragt ganz nahe und urgewaltig die Riesenpyramide des Hochvogel, 2592 m, in den Himmel, während den ganzen südlichen Horizont die Hornbachkette mit ihrem Dutzend wuchtiger Felsgipfel so um die 2600 m Höhe füllt. Ihre Nordwände, die bis zu 500 m hoch sind, stehen über Karen, zu denen auch heute noch der Ausdruck weltabgeschieden paßt. Und noch ein ganz besonderes Attribut dieser Tour: Im Frühsommer vor der ersten Mahd blüht es hier auf den Bauernwiesen in einer Pracht, die wir schon gar nicht mehr kennen, obwohl sie einst überall ganz selbstverständlich war.

Aufstieg zum Kanzberg: Von der Brücke genau nach Westen auf dem Sträßchen zum obersten Hof. Nun auf einem Weg über die Wiesen nach rechts zur Geländekante und jenseits quer durch den Hang zum Waldrand.

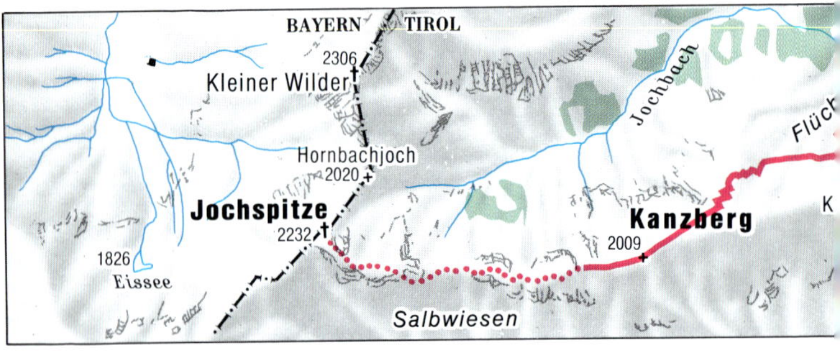

Morgen in Hinterhornbach mit Blick gegen die Roßkarspitzen.

Bald danach Wegverzweigung. Auf dem oberen, nun ganz kleinen Steig zwischen Bäumen, Buschwerk und bald vermehrt zwischen Latschen immer schräg über die zerfurchten Steilhänge aufwärts. Im oberen Teil wird das Gelände dann ziemlich frei, und der Gipfel des Kanzberges besteht aus einem erstaunlich weiten, von Matten überzogenen Rücken.

Weiterweg zur Jochspitze: Der markierte Steig führt meist über den Grat, nur ein Aufschwung wird in der sehr steilen Südflanke (Trittsicherheit angenehm) umgangen. Vom Gipfelkreuz hindernisloser Blick nach Westen.

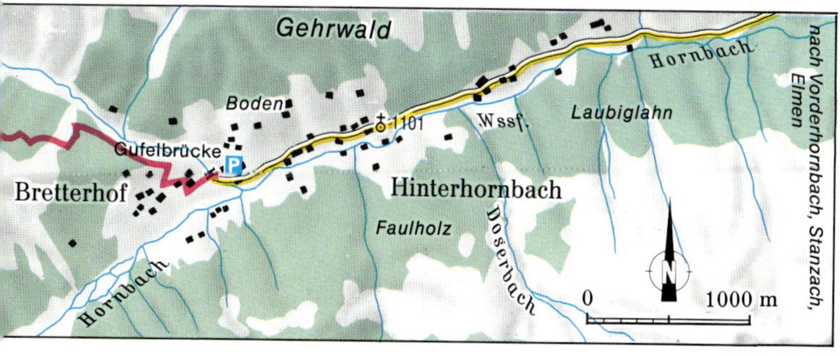

43 Stablalp, 1385 m

Das beliebte Ausflugsziel

Elmen — Stablalp — evtl. Weiterweg über Neerenkopf nach Stanzach

Talort: Elmen, 976 m, Bauerndorf und Ferienort im Lechtal.
Parkmöglichkeiten: Am nordöstlichen Ortsrand von Elmen.
Gehzeiten: Zur Stablalm gut 1 Std., Weiterweg nach Stanzach etwa 2 Std.
Anforderungen: Zur Stablalp ordentlicher Bergweg (oder bequem auf der Straße); Weiterweg nur kleiner Steig mit abgerutschten Stellen.
Höchster Punkt: Stablalp, 1385 m.
Einkehrmöglichkeit: Jausenstation Stablalp.

Die ungewöhnliche Lage der Stablalp macht diesen Ausflug zu etwas Besonderem. Sie versteckt sich nicht zuhinterst in einem Nebental, nein, sie steht auf einer Stufe in den Hängen unmittelbar über dem Haupttal selbst. So genießt man von dort oben einen ungewöhnlich weiten Blick. Die Gipfel des mittleren Lechtals gehören zum Panorama, besonders imposant präsentieren sich die großen Felsberge der Hornbachkette mit der alles überragenden Urbeleskarspitze, 2632 m. Oberhalb der Alp gibt es auch hier die für das Gebiet so typischen grasüberzogenen Steilhänge. So bleibt ein weiterer Aufstieg etwa zu den Kreuzspitzen — vor allem bei nassem Boden — den Bergsteigern mit festen Stiefeln vorbehalten.

Von Elmen zur Stablalm: Hinter den obersten Häusern von Elmen über den Edelbach, der knapp oberhalb einen Wasserfall bildet. Gleich dahinter Abzweigung des Fußsteiges. Auf ihm ziemlich direkt durch Wald, zwischen

Buschwerk und dann auf freien Weideböden zur Stablalp. Man kann nach der Brücke auch auf dem Fahrweg bleiben, der einen bequemen, aber sehr viel weiteren Anstieg ermöglicht.

Weiterweg nach Stanzach: Der kleine Steig über Neerenkopf, 1620 m, und Neerengrat hinüber zur Nachbargemeinde Stanzach ist landschaftlich besonders schön, führt er doch stets etwa 500 m über dem Boden des Lechtals durch die Hänge. Er weist jedoch einige etwas rutschig-unangenehme Stellen bei der Querung der Bachläufe auf.

Elmen im mittleren Lechtal am Fuß der Rotwand.

44 Steinjöchl und Anhalter Hütte

Im Bereich der Heiterwand

Hahntennjoch — Steinjöchl — Steinkar — Obere Plötzigalpe — Anhalter Hütte

Talort: Elmen, 976 m, Bauerndorf und Ferienort im Lechtal.
Ausgangspunkt: Hahntennjoch, 1894 m, Straßenpaß zwischen Inn- und Lechtal; von Elmen auf interessanter Bergstraße durch die Dörfer Bschlabs, Boden und das dreiteilige Sommerdörfchen Pfafflar.
Parkmöglichkeiten: Im Bereich der Paßhöhe.
Gehzeiten: Hahntennjoch — Anhalter Hütte 1¼ Std., Rückweg 50 Min.
Anforderungen: Gute, hochalpine Steige. Kurze Steilstufe an der Nordseite des Jochs.
Höchster Punkt: Steinjöchl, 2198 m.
Einkehrmöglichkeiten: Bei der Anhalter Hütte und in den Dörfern des Bschlaber Tales.
Sehenswertes: Schöne alte Bauernhöfe aus Holz in Bschlabs und Boden, vor allem aber in dem dreiteiligen Sommerdörfchen Pfafflar (nur ein Teil liegt an der Straße).

Von rechts: Falschkogel, Steinjöchl, Maldongrat, Steinmanndl.

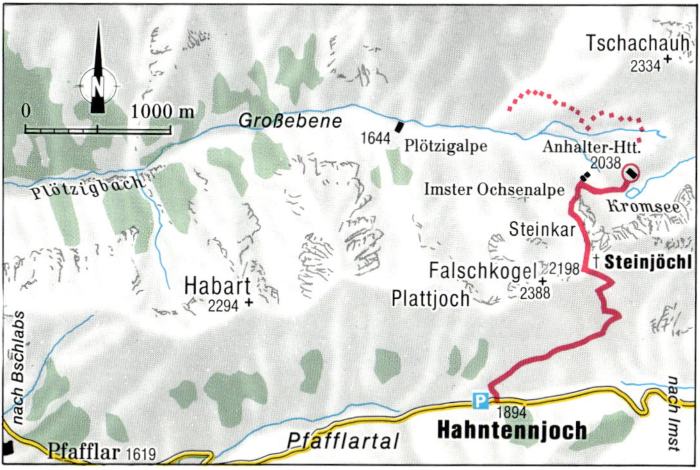

Die Hahntennjochstraße führt bis in 1894 m Höhe, und es wäre unsinnig, diesen so günstig gelegenen Ausgangspunkt nicht für die Tour zur Anhalter Hütte auszunützen, wenn man dabei auch auf eine etwas ungewöhnliche Situation trifft: Sowohl beim Hinweg wie beim Rückweg gibt es je einen Auf- und einen Abstieg, man muß nämlich zweimal das Steinjöchl mit seinen 2198 m überschreiten. Die beiden Seiten dieses hochgelegenen Sattels vermitteln recht unterschiedliche Eindrücke. Im Süden gibt es steile, sonnige Grashänge; das Auffallendste der Nordseite ist der kleine Kessel bei der Hütte mit dem verlandenden Kromsee (richtig wäre Chromsee) unmittelbar am Fuß der gewaltigen und düsteren Nordwände der beiden letzten Heiterwandgipfel, des Maldongrates und der Gabelspitze, 2581 m.

Vom Hahntennjoch zur Anhalter Hütte: Von der Paßhöhe teilweise zwischen Latschen schräg rechts aufwärts über recht steiles Gelände. Man gelangt in eine Grasmulde, die gerade zum Steinjöchl hinaufzieht. Der Paß liegt zwischen dem Falschkogel, 2388 m, und dem Maldongrat, 2544 m, die ein trittsicherer Bergsteiger beide auf kleinen, teilweise felsigen Pfaden besteigen kann (30 Min. bzw. 1 Std.). Vom Jöchl über eine kurze Stufe ins Steinkar, dann rechts um den Begrenzungsrücken herum und zum Boden des Kromsee. Ganz kurz wieder empor zur Hütte (2038 m).

Abstiegsvariante: Falls man nicht zu seinem Auto am Hahntennjoch zurückkehren muß, kann man durch das langgestreckte Plötzigtal hinauswandern zur Straße Boden — Bschlabs (1½ Std.).

45 Pfafflar und Fundaistal

Die ältesten Bauernhöfe Tirols

Boden — Brandegg — Pfafflar — Fundaistal — evtl. Fundaisalm

Talort: Elmen, 976 m, Bauerndorf und Ferienort im Lechtal.
Ausgangspunkt: Boden, 1356 m, letztes ständig bewohntes Dorf im Bschlaber Tal, von Elmen dorthin auf eindrucksvoller Bergstraße, 10 km.
Parkmöglichkeiten: Verschiedene Möglichkeiten im Dorf.
Gehzeiten: Boden — Pfafflar 45 Min., Boden — Fundaistal und evtl. Fundaisalm 1 bis 2½ Std.
Anforderungen: Bergwege ohne Probleme.
Höchste Punkte: Pfafflar, 1619 m, Fundaisalm 2200 m.
Einkehrmöglichkeit: Gasthöfe in Boden, Jausenstation im obersten Teil von Pfafflar.
Sehenswertes: Malerische, sehr alte Bauernhöfe in Blockbauweise in Bschlabs, Boden, vor allem jedoch in Pfafflar.

Wer Stille, Ursprünglichkeit und eine große Bergszenerie liebt, der sollte ins Bschlaber Tal fahren. Bschlabs und Boden gehören noch heute zu den verträumten Bergdörfern, einige alte Höfe aus dunkel verwittertem Holz sind sehenswert. Sehr reizvoll ist die Wanderung hinauf nach Pfafflar — das man auch mit dem Auto auf der Hahntennjochstraße erreichen kann —,

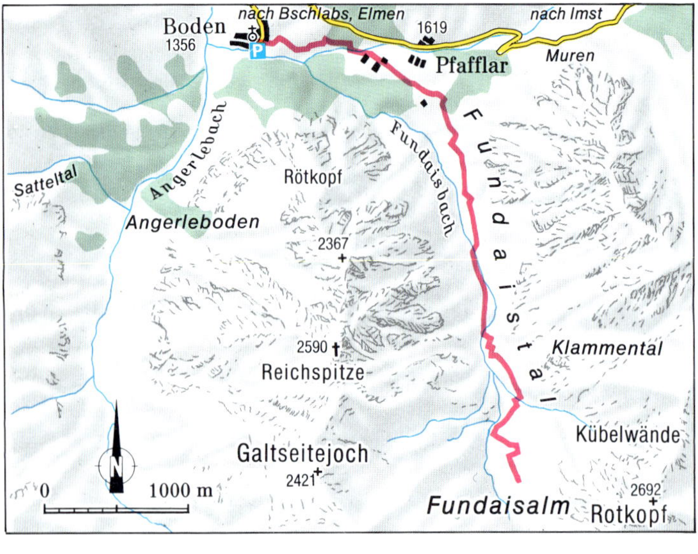

Die oberste Fraktion von Pfafflar, darüber die Kögeln (Muttekopf).

ein richtiges Museum für das bergbäuerliche Leben. Kurioserweise trägt die Gemeinde, die ja das ganze Tal umfaßt, den Namen Pfafflar, obwohl diese Höfe hier oben allenfalls noch im Sommer bewohnt sind. Und wer noch mehr unternehmen will, sollte sich das Fundaistal anschauen. Dieses herbe, von himmelhohen Schrofenflanken eingefaßte Tal vermittelt ein eindrucksvolles Bild.

Nach Pfafflar: Beim Kirchlein in Boden zwischen den Häusern bergauf. Hier beginnt der alte Weg nach Pfafflar, der über freie Hänge und durch kurze Waldpassagen führt. Der Ort besteht aus drei übereinanderliegenden Teilen.

Das Fundaistal: Vom unteren Teil Pfafflars auf einem breiten Weg nach rechts zu einem schönen Mattenboden. Nun auf einem Fußsteig durch die ostseitigen Latschenhänge talein in den schuttgefüllten Talboden. Von seinem Ende rascher Aufstieg über die steilen Hänge, bis man in 2200 m Höhe die sehr schönen, saftigen grünen Mulden der Fundaisalm (keine Hütte, nur Weideflächen) erreicht.

46 Hanauer Hütte und Parzinnsee

Der imposante Felskessel des Parzinn

Boden — Angerletal — Hanauer Hütte — evtl. Weiterweg zum Parzinnsee

Talort: Elmen, 976 m, im Lechtal.
Ausgangspunkt: Boden, 1356 m, letztes, ständig bewohntes Bergdorf im Bschlaber Tal, von Elmen dorthin auf eindrucksvoller Bergstraße, 10 km.
Parkmöglichkeiten: Verschiedene Möglichkeiten im Dorf.
Gehzeiten: Boden — Hütte 2¼ Std., Weiterweg zum Parzinnsee ¾ Std.
Anforderungen: Gut angelegte, im oberen Teil jedoch sehr steinige Steige.
Höchste Punkte: Hanauer Hütte, 1922 m, Parzinnsee, 2160 m.
Einkehrmöglichkeiten: Hanauer Hütte, Gasthäuser in Boden.
Sehenswertes: Malerische, alte Bauernhöfe in Bschlabs und Boden; großartiger Felskessel.

Die Felsgipfel des Parzinns über dem eindrucksvollen Felskessel.

Man soll ja mit Superlativen vorsichtig sein — doch das Parzinn darf man wohl ohne schlechtes Gewissen als den eindrucksvollsten Bergkessel in diesem Büchlein bezeichnen. Über einem stark gewellten, meist von Matten, teilweise jedoch auch von Latschen überzogenem Hochkar baut sich ein Halbdutzend wirklich imponierender Felsriesen auf. Die Große Schlenkerspitze erreicht die stolze Höhe von 2827 m. Das besondere Aussehen erhalten die Gipfel durch die so ausgeprägte und dazu senkrecht stehende Schichtung, das die Felsmassive — vor allem die beherrschende Dremelspitze, 2733 m — in viele Kulissen und Schluchten auflöst. Ein zusätzlicher Schmuck sind die Bergseen.

Durchs Angerletal zur Hütte: Etwas oberhalb der Kirche über den Fundaisbach und dann etwa eben nach rechts ins Angerletal. Über die Brücke und drüben im Wald weiter, bis man auf den langgestreckten, teilweise schuttbedeckten Angerleboden kommt. Auf dem Sträßchen talein, wieder über den Bach nach links und empor zur Talstation des Materialliftes. Nun auf einem Steig zwischen Latschen und über steinige Matten bis vor die Felswand, die das Tal abriegelt. Rechts steil in Kehren aufwärts, dann nach links zur Hütte, die in herrlicher Lage auf dem Oberrand des Felsriegels steht. Freier Blick auf die Felsgipfel des Parzinns.

Weiterweg zum Parzinnsee: Auf dem rechten Steig in stark gegliedertem Gelände zu dem in einen Hochkessel gebetteten See. In seinem Wasser spiegeln sich die Schlenker- und die Dremelspitze.

47 Kogelsee, 2171 m

Stiller Hochgebirgssee unter schroffen Felsen

Gramais — Kogelkartal — Kogelsee

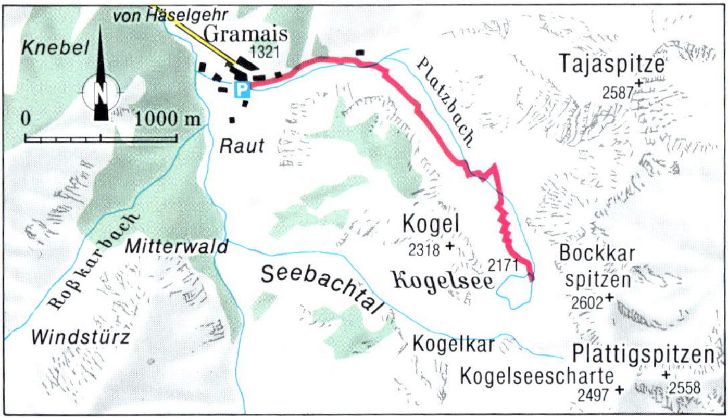

Talort: Häselgehr, 1006 m, stattliches, auffallend langgezogenes Dorf im mittleren Lechtal.
Ausgangspunkt: Gramais, 1321 m, ganz kleines, noch ziemlich ursprüngliches Bergdorf im gleichnamigen Nebenast des Lechtals, das über eine spannende Zufahrtsstraße hoch über der Schlucht des Otterbaches erreichbar ist, 7 km ab Häselgehr.
Parkmöglichkeiten: Verschiedene Stellen im Dorf und am Bach.
Gehzeit: Gramais — Kogelsee 2½ Std.
Anforderungen: Rauher Bergpfad in teilweise steinigem Gelände.
Höchster Punkt: Kogelsee, 2171 m.
Einkehrmöglichkeit: Nur in Gramais.
Sehenswertes: Teilweise noch recht ursprüngliches Bergbauerndorf mit Höfen aus Holz; Schlucht des Otterbaches.

Die Lechtaler Alpen gehören zu den interessantesten Gebirgen überhaupt. Dazu trägt vor allem der ungewöhnliche Formenreichtum der Gipfel bei. Das ist eine Folge der geologischen Vielfalt, schaffen doch verschiedene Gesteinsarten auch recht unterschiedliche Bergformen vom abgerundeten Grasmugel bis hin zu bizarr-zerklüfteten Zackenkämmen. Auch sind in den Lechtalern die Dimensionen besonders gewaltig, das steigert das eindrucksvolle Aussehen noch zusätzlich. Es gibt aber auch — als eine Art Gegenstück — die vielen, vielen Bergseen, die oft zwischen weiche Matten gebettet sind und so einen doppelten Kontrast zu den wilden Felsen bieten. Auch die Tour zum stillen Kogelsee wird durch die Gegensätze von steinig-rauh und sanft besonders reizvoll.

Von Gramais zum Kogelsee: Kurz vor der Brücke zweigt links von einem Hof ein breiter Weg ab, der anfangs über die schönen grünen Wiesen nach Osten talein führt. Nach einem Gatter kommt man in das nun steinige und wegen der Lawinen kaum bewaldete Tal. Rasch gelangt man zu einer Wegverzweigung. Hier nach rechts über den Bach und hinein ins Kogelkartal. Der steile Aufstieg erfolgt im ersten Teil rechts, später links des Baches, in einem Gelände, das von Geröll, Fels und Latschen geprägt wird. Direkt oberhalb der Steilstufe liegt der Kogelsee.

Auf dem Weg von Gramais zum Kogelsee, hinten die Bockkarspitzen.

48 Roßkartal bei Gramais

Ein herbes Tal mit Wasserfällen und Seen

Gramais — Schwahag — Roßkartal — Wasserfälle — Roßkarsee

Talort: Häselgehr, 1006 m, stattliches, auffallend langgezogenes Dorf im mittleren Lechtal.
Ausgangspunkt: Gramais, 1321 m. Es handelt sich um ein ganz kleines, noch ziemlich ursprüngliches Bergdorf im gleichnamigen Nebenast des Lechtals, spannende Zufahrtsstraße hoch über der Schlucht des Otterbaches, 7 km ab Häselgehr.
Parkmöglichkeit: Verschiedene Stellen im Dorf.
Gehzeit: Gramais — Roßkarsee 2½ Std.
Anforderungen: Teilweise etwas steinige Bergwege.
Höchster Punkt: Roßkarsee, 2118 m.
Einkehrmöglichkeiten: Nur in Gramais.
Sehenswertes: Teilweise noch recht ursprüngliches Bergbauerndorf mit Höfen aus Holz; Schlucht des Otterbachs.

Auf das folgende Phänomen trifft man in den Lechtaler Alpen immer wieder: Der Bergsteiger wandert in einem Tal aufwärts, das durch das Geröll einen herben und strengen Charakter erhält; oft gibt es dort schon in tiefen

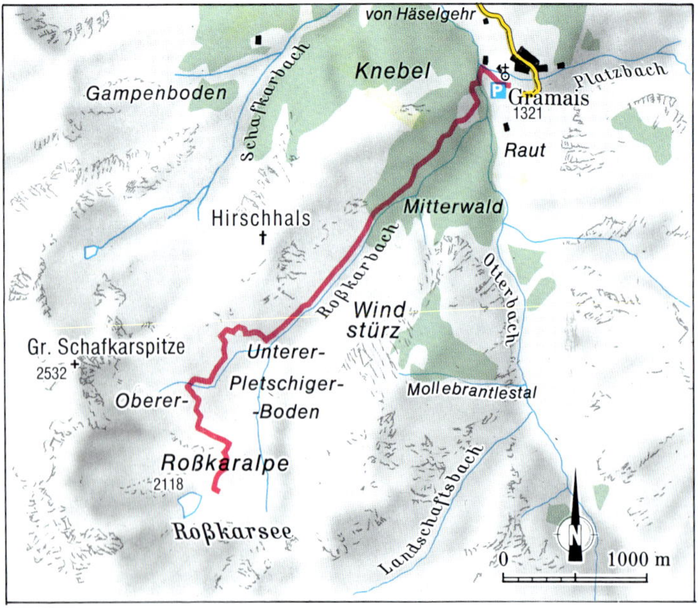

Blick vom Bergdorf Gramais auf die Hornbachkette (Bretterspitze).

Lagen statt des üblichen Waldes nur noch Schuttfelder und Latschenflächen. Um so größer ist dann die Überraschung, wenn er – so in 2000 m Höhe – plötzlich wieder auf grüne, mit Seen geschmückte Mattenböden trifft. Auch im Roßkartal ist man lange in einer strengen, für den Kalk so typischen Landschaft unterwegs, die aber trotzdem nie langweilig oder einförmig wird. Es gibt genug zum Schauen — vor allem die Wasserfälle — und im Frühsommer auch zum Riechen, jawohl, denn hier blühen die Steinröserl oder Bergnägele besonders häufig.

Von Gramais zum Roßkarsee: An der Kirche vorbei auf einem Fußweg hinab zum Haupttal mit dem Otterbach. Über die Brücke und über eine kurze Stufe zu den schönen Wiesen des Schwahag. In dem nun bald geröllreichen Tal flach einwärts zum Unteren Pletschigen Boden. Ab hier steigt das Tal in kurzen Stufen rasch empor, der Bach bildet dabei nicht weniger als fünf Wasserfälle. In den rechtsseitigen Hängen steil aufwärts zum Oberen Pletschigen Boden und über eine weitere Stufe zu den mattenüberzogenen Böden des Roßkars. Etwas nach links ausholend führt der Steig bis zum malerischen Roßkarsee, der auf drei Seiten von Felsgipfeln umrahmt ist.

49 Bernhardseck, 1812 m

Grasberg hoch über dem Lechtal

Obergiblen — Seesumpf — Gasthaus Klapf — Grünberg — Eckmähder — Bernhardseck oder Rundtour ab Untergiblen

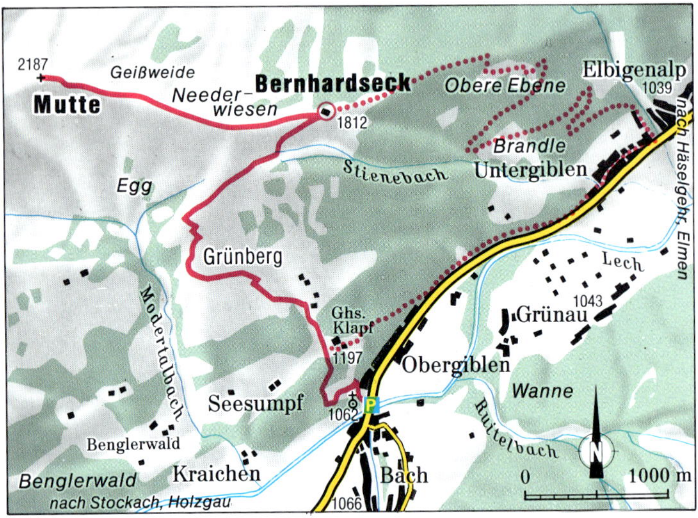

Talort: Bach, 1066 m, größerer Ferienort im mittleren Lechtal, evtl. Elbigenalp, 1039 m.
Ausgangspunkt: Obergiblen, 1062 m, direkt nördlich von Bach auf der anderen Lechseite.
Parkmöglichkeiten: Vereinzelte Stellen im Dorf.
Gehzeiten: Obergiblen — Ghs. Klapf 25 Min., von dort zum Bernhardseck 2 Std., Weiterweg zur Mutte gut 1 Std., Aufstieg ab Untergiblen 2½ Std.
Anforderungen: Kleiner Bergweg vom Ghs. Klapf, bei Nässe rutschig.
Höchste Punkte: Bernhardseck, 1812 m, evtl. Mutte 2187 m.
Einkehrmöglichkeiten: Ghs. Klapf und Ghs. Bernhardseck.

Das Wort „Grasberg“ kann bei einem Uneingeweihten leicht die — völlig falsche — Vorstellung von sanften Wiesen etc. hervorrufen. Gerade hier sind die Hänge oft besonders steil, und die winterlichen Lawinen verhindern das Aufkommen eines Waldes. Der Bergwanderer freut sich über den freien Ausblick und die so üppige Flora. So finden wir auch den schöneren Aufstieg zum Bernhardseck, diesem Lug-ins-Land über dem mittleren Lechtal, in den Südhängen.

Von Obergiblen zum Bernhardseck: Entweder mit dem Pkw über Seesumpf zum Gasthaus Klapf, 1197 m, oder dorthin zu Fuß, wobei man die oberen Zweidrittel des Anstiegs auf einem Fußweg abkürzt. Vom Gasthaus erst gerade über eine Stufe, dann etwas nach links über die Mähder und Hänge zum Grünberg und weiter zu einem Geländeabsatz in 1850 m Höhe. Schräg hinüber zum Bernhardseck mit Gasthaus.

Die Mutte, 2187 m: Dem kleinen Steig folgend längs des Grasgrates auf diesen mächtigen, grünen Kopf.

Rundtour von Untergiblen: Man kann auch von Untergiblen über Brandle und die Obere Ebene zum Bernhardseck aufsteigen. Abstieg zum Gasthaus Klapf und wieder zurück nach Untergiblen, am Schluß gut 1 km auf der Talstraße.

Der Wiesenboden von Seesumpf, über dem Lechtal die Rotwand.

50 Im Kaisertal

Urwüchsige Lechtaler Alpen

Kaisers — Kaisertal — Kaiseralpe, evtl. Kaiserjochhaus

Talort: Steeg, 1124 m, letzter größerer Ort im Tiroler Teil des Lechtals.
Ausgangspunkt: Kaisers, 1518 m, kleines Bergdorf in sehr abgeschiedener Lage, 3 km auf kleiner, aber ordentlicher Bergstraße ab Steeg.
Parkmöglichkeiten: Einige Stellen längs der Straße in Kaisers.
Gehzeit: Bis zur Kaiseralp 1½ Std., evtl. Weiterweg zum Kaiserjochhaus 1¾ Std.
Anforderungen: Dank der an den steilen Hängen entlangziehenden Almstraße ganz bequem bis zur Kaiseralp, Weiterweg zum Kaiserjoch auf kleinem, steinigem Steig, bei Nässe schmierig.
Höchste Punkte: Kaiseralp, 1689 m, evtl. Kaiserjochhaus, 2310 m.
Einkehrmöglichkeiten: Jausenstation Kaiseralp, evtl. Kaiserjochhaus, Ghs. in Kaisers.

Als ganz schmale Felsschlucht mündet das Kaisertal bei Steeg ins Lechtal. Niemand würde oberhalb noch einen Ort, ja, eine eigene Gemeinde erwar-

Die gewaltige Vorderseespitze über dem inneren Kaisertal.

ten. In etwa 1500 m Höhe klebt das Dörfchen Kaisers — es besteht nur aus zwei Dutzend Höfen — an den Grashängen. Das Kircherl mit seinem runden Helm grüßt von einer vorspringenden Kanzel den Ankommenden, dahinter ragen gewaltig die Felsberge um die Fallesinspitze, 2769 m, auf. Nach Süden führt ein kleines Sträßchen mit nur wenig Steigung ins obere Kaisertal bis zur gleichnamigen Alphütte. Auf ihm läßt es sich gemütlich wandern und dabei in aller Ruhe die sehr herbe, urtümliche Landschaft bewundern. Im Winter und im Frühjahr wird das Tal an vielen Stellen von Lawinen bestrichen, was stark zu seinem Charakter beiträgt. Mächtige Berge wie die Vorderseespitze, 2889 m, füllen den Talhintergrund, während sich die Kaisersteinspitze als kühnes Horn recht auffällig in den Vordergrund schiebt.

Zur Kaiseralpe: Kurz unterhalb des Kirchleins beschreibt die Straße eine scharfe Kehre. Genau am Scheitel der Serpentine zweigt der Fahrweg ins Kaisertal ab. Er zieht zuerst hoch oben an den Hängen entlang, nähert sich später jedoch dem Talboden. Bequeme Wanderung bis zur Kaiseralp.

Kaiserjochhaus: Von der Kaiseralp aus kann man auf dem kleinen, steinigen Steig über die teilweise sehr steilen Hänge zu dieser Alpenvereinshütte, die in einem weiten Wiesensattel liegt, emporsteigen.

Stichwortverzeichnis

Die Zahlen hinter den Begriffen sind Seitenzahlen. Bezeichnungen wie Hohe, Niedere, Große, Kleine, Ghs. usw. sind nachgestellt.

OSTLER HÜTTE